企业财务报告分析方法与技巧研究

乔蕾　翟玥　杜娟◎著

中国出版集团　现代出版社

图书在版编目（CIP）数据

企业财务报告分析方法与技巧研究 / 乔蕾，翟玥，杜娟著. -- 北京 : 现代出版社，2023.8
ISBN 978-7-5231-0432-3

Ⅰ. ①企… Ⅱ. ①乔… ②翟… ③杜… Ⅲ. ①企业会计－会计报表－会计分析－研究 Ⅳ. ①F275.2

中国国家版本馆CIP数据核字(2023)第133536号

企业财务报告分析方法与技巧研究

作　　者	乔　蕾　翟玥　杜　娟
责任编辑	吴永静
出版发行	现代出版社
地　　址	北京市朝阳区安外安华里504号
邮　　编	100011
电　　话	010-64267325　64245264(传真)
网　　址	www.1980xd.com
电子邮箱	xiandai@ cnpitc.com.cn
印　　刷	北京四海锦诚印刷技术有限公司
版　　次	2023年8月第1版　2023年8月第1次印刷
开　　本	185 mm×260 mm　1/16
印　　张	11
字　　数	259千字
书　　号	ISBN 978-7-5231-0432-3
定　　价	58.00元

前言

随着我国以社会主义市场经济体制为取向的会计改革与发展的不断深入，会计基础理论研究的薄弱和滞后已经产生了越来越明显的“瓶颈”效应。这对于广大财务会计研究人员而言，既是严峻的挑战，又是难得的机遇。说它是“挑战”，主要是强调相关理论研究的紧迫性和艰巨性，因为许多实践问题急需相应的理论指导，而这些实践和理论在我国又都是新生的，没有现成的经验和理论可资借鉴；说它是“机遇”，主要是强调在经济体制转轨的特定时期，往往最有可能出现“百花齐放，百家争鸣”的昌明景象，步入“名家辈出，名作纷呈”的理论研究繁荣期和活跃期。

在我国社会经济迅速发展的时期，企业财务报告分析尤显重要。本书结合最新的《中华人民共和国会计法》《企业财务会计报告条例》《企业会计制度》和有关会计准则、法规，系统全面地阐述了企业财务报告分析的方法与技巧，对会计工作者有一定的参考作用。本书理论联系实际，力求创新，内容丰富，文字朴实，可供高等院校会计学、财务管理等管理类专业，以及企业会计、经济、管理工作者参考之用。

本书共六章，第一章主要介绍了财务报告分析的起源与发展、财务报告分析的目标与方法、财务报告分析的框架体系以及财务报告分析的形式与作用；第二章主要介绍了财务报表列报的基本要求、资产负债表解释与分析、损益表解释与分析、现金流量表解释与分析以及财务报表附注的分析；第三章主要介绍了财务报告的相关理论、财务报告改进的动因以及财务报告改进的经验借鉴与现实选择；第四章主要介绍了杜邦财务分析体系及其应用、传统的杜邦分析体系、对传统杜邦分析体系的改进以及改进后的杜邦分析体系在实践中的应用；第五章主要介绍了财务报告伴随信息的分析运用、非财务信息的分析运用、财务报告分析的局限性以及虚假财务报表识别的基本技巧；第六章主要介绍了新会计准则下财务报告分析的思考、“互联网+”时代下网络财务报告系统研究以及企业财务分析指标体系的缺陷及完善研究。

在本书的编写过程中，参考了许多财务报表分析方面的教材、著作与资料，并在书中有所引用，在此一并致以诚挚的谢意。由于作者的学识、水平有限，加之编写时间所限，书中难免存在疏漏之处，敬请广大读者批评指正。

编　者

2023 年 1 月

1. 内部分析

内部分析[illegible]企业财务状况的分析，其目的是[illegible]企业生产经营[illegible]，如[illegible]盈利[illegible]分析[illegible]评价企业的经营[illegible]能力，[illegible]分析，可[illegible]评价企业[illegible]业绩，及时、准确地发现企业[illegible]，提高经济效益指明方向。

2. 外部分析

外部分析主要是指企业外部的投资者、债权人及政府有关部门，根据各自的需要分析[illegible]，对企业的有关情况进行的分析。投资者的分析，关心的主要是企业的盈利能力[illegible]；债权人的分析，[illegible]企业的偿债能力和信用[illegible]；政府有关部门对企业的财务报告分析，主要[illegible]企业的经营[illegible]合法[illegible]。外部财务报告分析是财务分析的重要表现形式。

总之，内部分析和外部分析并不是完全孤立或隔离的，要求在财务报告分析的[illegible]，内部分析有时也应站在外部分析的角度进行，而外部分析也应[illegible]内部分析的结合，以避免片面[illegible]。

(二) 全面分析与专题分析

财务报告分析按照分析的内容范围不同，可分为全面分析和专题分析两种。

1. 全面分析

全面分析是指对企业在一定时期的生产经营各方面的情况进行系统、综合、全面的分析与评价。

全面分析的目的是找出企业生产经营中带有普遍性的问题，全面总结企业[illegible]的[illegible]问题，为协调各部门关系，搞好下期生产经营安排[illegible]基础或提供依据。全面分析通常在年终进行，形成综合、全面的财务报告分析。

2. 专题分析

专题分析是指根据分析目的或分析目的的不同，对企业生产经营过程中某一方面或某一环节[illegible]进行的分析。投资者或债权人对[illegible]的某个方面的问题进行[illegible]的[illegible]。专题分析能及时、深入地揭示企业在[illegible]方面的财务状况，[illegible]详细的资料信息，对解决企业的关键性问题有重要作用。

目　录

第一章 财务报告分析总论

企业要想在残酷的市场竞争中取得一席之地，必须掌握与企业经营有关的大量的财务信息，企业的利害关系人也应非常关注企业的财务信息。财务报告分析能使企业及其利害关系人达到这一目的。①

第一节 财务报告分析的起源与发展

财务报告分析的内涵可以概括为：财务报告分析是以财务报表和其他有关信息资料为依据和起点，利用财务分析理论及财务分析的一系列专门的方法，遵循规范的分析程序，对企业一定时期的财务状况、经营成果及未来前景进行分析，为改善企业经营状况提供线索；同时在信用决策、评价证券、分析竞争者、控制财务活动运行、预测财务未来发展等方面为财务报告使用者提供依据的一系列分析活动。

一、财务报告分析的起源

财务报告分析（financial report analysis）始于19世纪中叶西方银行家对贷款者的信用分析。银行为确保发放贷款的安全，一般要求企业提供资产负债表等资料，以了解企业的财务状况和偿债能力。所以最初的财务报告分析，主要是针对企业的偿债能力和信用程度进行调查分析、为银行的贷款决策提供依据的。

随着20世纪初股份制经济和资本市场的发展，企业的大量涌现和企业规模的不断扩大，企业对外部资金投入的需求明显增多，企业要向社会发行股票和债券，作为企业扩展

① 黄秀兰. 财务分析与报告［M］. 大连：东北财经大学出版社，2000.

的主要资本提供者的金融机构（如商业银行、投资公司、保险公司）的作用日益增强，这些机构需要一个正规的分析系统对申请借款企业的经营和财务状况进行系统的评估。而许多普通公民也开始作为投资者进入资本市场，他们希望了解企业的经营和财务状况，对企业提供的财务报告信息进行分析，以便审慎地作出投资决策。

在这种形势下，系统的财务报告分析体系也随之发展起来，系统地进行筹资分析、投资分析和经营分析成为财务报告分析的基本领域。随着经济发展、体制改革和现代公司制度的出现，财务报告分析在资本市场、企业重组、绩效评价和企业评估等领域的应用也越来越广泛。①

二、财务报告分析的发展

随着社会生产实践活动内容的日益丰富和经验的不断积累，财务报表分析已经从金融机构在发放贷款时作为考察借款企业偿还能力的手段，发展到投资单位或个人在股份投资时确认其是否有利的手段。财务报告分析由信用分析阶段进入投资分析阶段，其主要任务从稳定性分析过渡到收益性分析。现代的财务报告分析领域不断扩展，早已不限于初期的银行信贷分析和一般投资分析，全面、系统的筹资分析、投资分析、经营分析是财务报告分析的基本领域。

未来的财务报告分析必然随着财务会计学、公司理财学、统计学、信息学、计算机技术等学科的发展而不断成熟与完善。

（一）财务报告分析的内容不断充实和增加

财务报告分析内容与企业的财务报告内容紧密联系。随着市场经济的深入发展，财务报告的内容将会不断充实和增加，未来的企业财务报告将会向财务报告使用者披露企业未来发展前景、盈利预测、现金流量信息、企业信用评估、人力资源、公允价值分析等信息，这将会引起财务报告分析内容相应地增加与改变。

（二）财务报告分析将广泛利用现代化信息手段

信息技术的迅猛发展，大大提高了财务报告数据分析的能力和速度。未来企业财务报告从信息表格载体到传输方式，再到查询阅览方式，都将向网络转移。网络传输、阅览、

① 青岛英谷教育科技股份有限公司，吉林工程技术师范学院. 企业财务报表分析［M］. 第 2 版. 西安：西安电子科技大学出版社，2019.

搜索将加快财务报告查询速度，同时财务信息的记录与表述也不仅仅靠文字、表格或数字，将会出现图片、音频与视频等多媒体形式的载体。因此，财务报告分析可直接利用计算机对庞大的数据进行快速及时的整理、计算、分类与分析，这样不仅可以提高分析的效率和质量，而且解决了现行分析成本高、时效性差、无法处理特殊事项或偶然事项的缺陷。

（三）财务报告分析更具交互式和针对性

未来的财务报告将是一种以事项会计为基础的、披露更为简明易懂的交互式的实时报告，并且可以设置权限，查询局域信息而不涉及无关的冗余信息，使信息的获取更实用，更有针对性。而财务报告分析也可以根据这种实时报告开发一系列的软件，及时、快速、有效地根据信息需求者的实际需要来甄选信息，使信息的提供者与使用者做到知己知彼，减轻信息的不对称现象。

第二节　财务报告分析的目标与方法

一、企业财务报告分析的目的

企业财务报告分析是指将企业某一会计年度终了时所编制的财务报告及其他相关资料作适当排列，通过一定的方法和手段，剖析其内涵，披露各项资料之间的相互关系，并进一步分析和解释各项关系，从而评价企业的财务状况、经营成果、偿债能力、获利能力等。

财务报告是在会计日常核算资料的基础上以表格形式为主综合反映企业财务状况和经营成果的文件。由于会计日常核算是在公认会计原则或企业会计准则的规范下进行的，因此财务报告难免带有某种局限性。也就是说，财务报告仅仅在公认会计原则或企业会计准则的规定框架内提供信息。此外，企业的财务状况和经营成果是在诸多宏观和微观因素、主观和客观因素的综合作用下形成的。因此，我们有必要对财务报告进行进一步的分析、评价，使它们成为对投资者经营决策更有用的信息。

具体来讲，财务报告分析的目的主要是通过深入的揭露情况、反映问题、提供新信息，用来弥补、克服财务报告的以下局限性。

（一）财务报告只反映单个企业的财务状况与经营成果

企业是国民经济的细胞，其经营状况是由一系列因素交互作用的结果，其中既包括企业本身的因素，也包括国民经济和行业发展的有关因素。只有通过对财务报告的分析，借助其他相关资料，才能从国民经济发展的高度，联系整个市场经济运行状况，把企业放在一个部门、一个行业中予以评估，对其财务状况和经营成果作出客观公正的评价。

（二）财务报告提供的信息以用货币单位定量表述为主

财务报告无法充分反映那些对企业财务状况和经营成果产生了影响却无法以货币单位定量表述的因素，例如企业管理人员的经营管理能力、企业职工的创新能力、企业发展战略、市场营销战略及企业信誉，等等。而财务报告分析可以在一定程度上摆脱货币单位定量表述的限制，联系多种因素，进行综合分析。

（三）财务报告的各个部分关系比较松散，信息量较小

由于企业的经营成果和财务状况是由企业经营活动、投资活动和筹资活动等共同作用的结果，企业各项经济活动之间必然存在着一定联系，作为反映这些经济活动的财务报告各部分之间也必然存在着密切的联系。财务报告分析的其中一个目的就在于根据经济活动的联系性，探索、挖掘各种报表之间、报表项目之间的内在联系，以便为投资者提供更新、更深层次的信息。例如，通过对利润与资产总额的对比分析，可以从广义的投入产出角度反映企业的创利能力，而不是仅从收入和费用的对比来考察经济活动。

（四）财务报告只反映某一时期或地点的情况

通常企业的经营活动是持续的、长期的，而财务报告的编制依据了会计期间的假设基础，故人为地间断地反映企业经济活动。而事实上某一时期或地点的财务报告是以前若干期间累计作用影响的结果，因此只有通过纵向的财务报告分析，才能揭示各期变化情况及规律性。

（五）财务报告的核心财务报表采用的通用报表

财务报表的通用性越高，它对具体使用者的直接有用性可能越低。在实际工作中，由于所处的经济地位和社会背景不同，报表的各个使用者所进行的决策种类和所采用的决策

模式不会相同，基于不同决策模式需要的信息很可能有明显的差异，通用的财务报表很难同时满足各个使用者的要求。

财务报告分析则完全摆脱了通用目标的约束和限制，其可以根据使用者的具体信息要求出发，分别提供多样化的分析报告。

综上所述，财务报告分析作为会计管理的一个重要环节，其目的可以归纳为三点：一是评价过去经营管理的业绩；二是衡量目前的财务状况；三是预测企业未来发展趋势。也就是说，财务报告分析使企业经济活动的过去、现在和未来在时间序列上表现得更为完整。

二、财务报告分析的主体与目标

企业财务报告是企业财务会计的"最终产品"，是企业与其利益关系者的链接点，它能全面、系统、综合地反映企业财务状况、经营业绩和现金流量等有关会计信息，并成为广大用户了解企业运营情况的重要信息资料。

财务报告分析的主体是指"谁"进行财务报告分析，即财务报告信息使用人，实际上就是利益相关者。一般而言，与企业有经济利害关系的各方包括企业的投资者、债权人、经营者、企业员工、供应商和顾客、政府管理部门与注册会计师等，他们与企业利益相关的程度不同，出于不同的目的使用财务报告，所关注的重点和采用的分析程序各不相同。财务报告分析的主体与目标主要体现在以下几方面。

（一）投资者

投资者，包括现有的投资者及潜在的投资者，他们拥有企业最终资产的剩余要求权，也因此成为企业最终风险的承担者。出于对自身经济利益的关心，投资者分析包括：为寻求投资机会进而获得更高收益而进行的投资分析、为考核企业经营管理者的受托责任的履行情况而进行的企业经营业绩的综合分析与评价，因此最关心的是企业投资回报率水平和风险程度，分析的重点是企业的盈利能力、发展能力和业绩综合分析评价。因此，投资者财务报告分析的目的是能够回答以下几方面的问题：企业当前和长期的收益水平高低，企业收益是否容易受重大变动的影响；目前的财务状况如何，企业资本结构决定的风险和报酬如何；与其他竞争者相比，企业处于何种地位。通过分析策划发现有效的投资机会，评估企业的潜在成长性，正确判断企业在资本市场上的投资价值，最终决定自己的投资进退策略。

（二）债权人

债权人是指借款给企业并得到企业还款承诺的人。债权人在将资金或其他资源提供给企业之前，为了确保自身权益的安全，需要了解企业现有的债务负担，既往的信用状况以及目前及未来的持续盈利能力与偿还债务能力等，以确定债权的风险大小以及是否应该向该企业提供资金与资源。当债权人将资金或资源提供给企业后，便会愈加关心自己的债权是否面临着威胁，能否按时、足额收回。债权人的主要决策是决定是否给企业提供信用，分析的重点是偿债能力、盈利能力和产生现金能力。因此，债权人财务报告分析的目的是回答以下几方面的问题：公司为什么需要额外筹集资金，公司还本付息所需资金的可能来源是什么，公司对于以前的短期和长期借款是否按期偿还，公司将来在哪些方面还需要借款。财务报告分析可从不同角度满足债权人对信息的要求。

（三）经营者

经营者作为受托责任人，肩负着受托经营管理的责任，因此对公司的营运业绩和持续发展起着直接影响和决定作用。一般来说，为了更好地对企业经营活动进行规划、管理与控制，经营者关心公司的财务状况、盈利能力和持续发展的能力。

经营者通过对企业财务报告的分析，与各部门、各管理层一起，结合具体情况解决经营管理中的重大问题，诸如经济前景预测，未来计划的编制、筹资、投资和供产销等决策，实施财务控制、经营业绩的评价考核等，为企业可持续发展制定合理的发展战略和策略。

（四）企业员工

企业员工通常与企业存在长久、持续的关系，是最直接的利益相关者。企业的稳定性、工作环境的优劣及获取报酬的前景，直接影响着员工的切身利益。因此，企业的获利能力和偿债能力是员工对财务报告分析关注的重点。

（五）供应商和顾客

供应商如果通过赊销的方式出售产品，即成为企业的债权人，因此他们关注的是企业长期经营的能力、商业信用和偿债能力等。在许多情况下，企业可能成为某个顾客的重要的商品或劳务供应商，因此，顾客关注的是企业连续提供商品或劳务的能力、产品价格、成本和性能以及售后服务等，顾客将通过财务报告分析来预测企业长期发展前景，评估产品价格的合理性和售后服务能力等。

（六）政府管理部门

作为国家利益的代表，政府机构及其他相关部门（包括工商、税务、财政和审计、国有资产管理等部门）也是企业财务报告的使用人。他们使用财务报告是为了履行自己的监督管理职责，其分析的重点是企业发展、社会价值分配等，为制定有效的经济政策和公平、恰当地征税而进行经济政策分析与税务分析，监督和检查企业在整个经营过程中是否遵守国家制定的各项经济政策、法规和有关规定等。

（七）注册会计师

注册会计师为客观、公正地进行审计，避免审计错误，提高财务报告的可信度，也要对财务报告进行审计分析。其分析的重点是财务报表及其之间的稽核关系与各种财务能力、经营特性等。

财务报告信息与主要分析主体的关联性如图 1-1 所示。

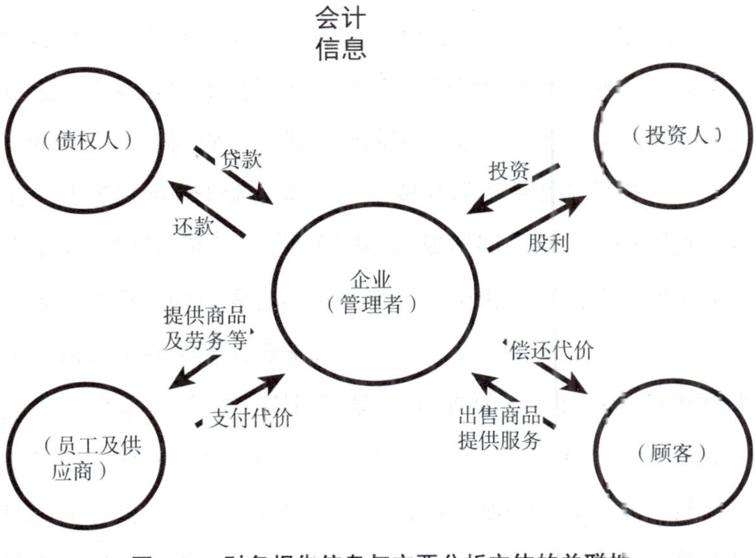

图 1-1　财务报告信息与主要分析主体的关联性

三、财务报告分析的方法

了解财务报告的分析方法与步骤，是进行财报分析的基础环节。财务报告分析包括定量分析与定性分析，用于衡量企业之间、不同行业之间相对的财务状况。定性分析主要是根据主观判断所进行的分析；定量分析主要是依据客观数据从量的角度所进行的分析。

财务报告分析最主要的内容是财务报表分析。下面以财务报表为例说明其分析方法。在财务报表分析中，最主要的分析方法是定量分析法。定量分析法主要有以下几种。

（一）趋势分析

趋势分析是将不同时间和空间的同质财务指标进行对比，直接观察其增减变动情况及变动幅度，考察其发展趋势，预测其发展前景的一种方法。各个时期的财务状况及经营成果处于不断变化之中，这种变化的结果，表现为同一指标在不同时期具有不同的结果。通过对同一指标不同时期的对比分析，就可以分析评价该项指标的变化趋势，而这种变化趋势对预测未来是非常有用的。如将不同时期的营业收入进行列示和对比，可以分析了解营业收入的发展趋势，为进行收入预测提供相关依据。在实际工作中，这种分析方法往往需要收集若干年度的财务资料，然后将某个年度的该项经济指标数据作为基数，其他各年度的数据与基数进行比较，分析该项经济指标的发展变化情况。趋势分析可以通过编制不同时期的对比分析表来进行。

（二）结构分析

在财务报表分析中，要了解某项经济指标对总体指标的影响程度，可以通过个别指标占总体指标比重的大小，分析个体对总体的影响程度，并根据影响程度采取不同的对策。以对收入的分析为例，金融企业的收入来源较多，通过对各项收入占全部营业收入比重的分析就可以了解金融企业收入管理的侧重点。同样道理，金融企业的成本费用也是由多个项目组成的，通过对各成本费用项目占总成本费用比重的分析，也可以找出成本费用控制的重点。将不同时期各项指标占总体指标的比重进行对比分析，了解工作重点的转向及变化情况，及时分析原因，采取相应对策。

（三）比率分析

财务报表中某些财务数据之间存在着某种联系。比率分析法就是将不同的相关经济指标进行比较，分析其相关关系，用以分析和评价企业的经营活动以及不同期间经营状况的一种方法。如将负债总额与资产总额进行对比，可以分析金融企业的资产负债比例；将流动资产与流动负债进行对比，可以分析企业的短期偿债能力；将营业收入与总资产均值进行比较，可以分析企业的总资产营运能力；将净利润与股东权益均值进行比较，可以衡量企业的股东回报率等。

在进行财务比率分析时，下列比率可用作比较对象：①前期比率；②竞争者的比率；③行业比率；④预定标准；⑤比率的变动趋势与变动性。

比率分析法是企业财务报表分析中应用最多的一种方法，它在分析金融企业的偿债能力、资产营运能力、资产盈利能力等方面具有广泛的用途。比率分析法也是财务分析方法的核心部分。关于财务比率的计算在个别项目的界定上不同教材存在着差异。

（四）因素分析

因素分析法是依据分析指标与其影响因素的关系，从数量上确定各因素对分析指标影响方向和影响程度的一种方法。它在财务分析中的应用颇为广泛。在企业的经营管理中，影响财务状况和经营成果的因素是多方面的，当某种经济指标的实际数与预算数或历史数据产生差异时，需要分析造成这种差异的原因。如金融业营业总收入，受到营业收入、投资收益、营业外收入、企业竞争力等因素的影响。运用因素分析法，就是要分析各种因素的影响程度，以便在新的年度采取措施消除不利影响。

第三节 财务报告分析的框架体系

一、企业经营活动与财务报告的关系

在市场经济环境下，企业总是基于一定的环境和战略从事经营活动。企业的经营活动是企业按照其发展战略和外部环境所进行的资金、物资、信息的交流活动，并直接影响企业经营活动的结果。企业经营活动纷繁复杂，包罗万象，难以一一向外界报告。而企业财务报告用“会计特有语言”总结了企业经营活动的财务后果。企业会计系统提供了一种机制，通过这种机制，对企业的经营活动进行确认、计量，以财务报告的形式进行对外报告，从而完成了从企业经营活动到企业财务报告的转化过程。图 1–2 反映了从企业经营活动到企业财务报告的转化过程。

图 1–2 描述了企业基于特定经营环境和经营战略所从事的经营活动，经过会计环境、会计政策和会计系统的影响和加工，最终表现为财务报告的过程。从中可以看出，在从企

业经营活动到企业财务报告的转化过程中，许多因素导致企业财务报告不能真实、完整地反映企业经营活动。这些因素主要包括以下几种。

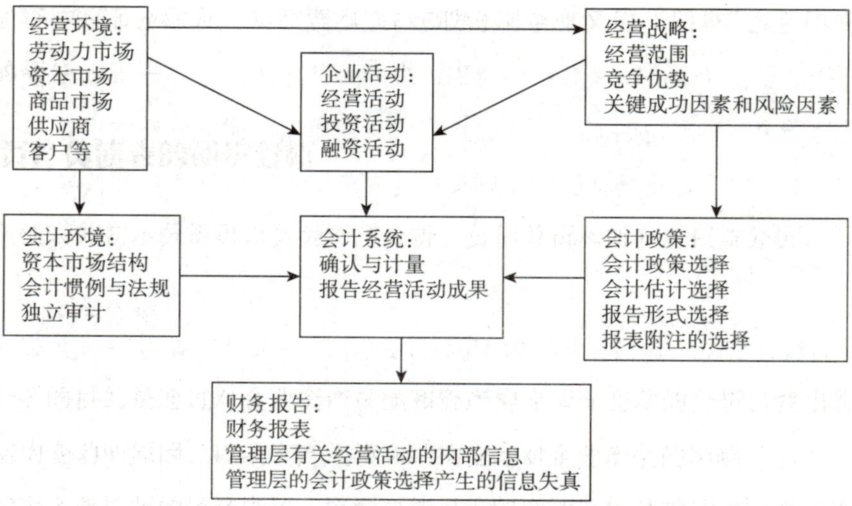

图 1-2 从企业经营活动到企业财务报告的转化过程

（一）会计用特有语言描述企业经营活动

会计特有语言体现在会计准则上，会计基于会计准则描述企业的经营活动，这就将难以用会计准则描述的经营活动排除在会计视野之外。

（二）权责发生制允许多种可选择方法导致信息具有一定的模糊性

权责发生制虽然能够提供企业经营业绩的全面信息，但由于财务会计中的许多主要事项存在多种可供选择的方法，其模糊性导致在实际应用时具有较强的主观性。由于权责发生制的这个内在缺陷，受到利益的驱动，人们可能会操纵企业财务报表。而会计准则的制定难以完全按照概念框架来进行，在许多情况下是不同集团利益的“微妙的平衡”，这种准则制约下的财务报表必然呈现出各种偏好，有时甚至是以牺牲报表信息的准确性为代价的。

（三）审计准则以及以此为基础的审计行为可能强化财务报表本身的内在缺陷

通过聘请独立的审计机构或人员对企业财务报表进行审计，在一定程度上减少了会计信息的使用风险，提高了会计信息质量。但是，也可能强化了财务报表本身的内在缺陷，因为它认可了长期延续下来的会计规则和常规，而这些会计规则和常规本身存在缺陷。这样，审计准则以及审计行为就有可能放大会计准则的内在缺陷。

由于会计系统的制度特征并非完美，从企业经营活动到企业财务报告的转化过程中存在许多“噪声”，因此，进行财务报告分析时需要通过一定的会计分析过程对其进行必要的调整。

二、财务报告分析的基本框架

（一）财务报告分析框架的思路

从图 1–2 的转化过程可以看出，首先，企业的经营活动总是要基于特定的经营环境和经营战略。因此，财务报告分析的基本思维必须跳出烦琐的数字迷宫，立足于企业经营环境和经营战略，充分了解企业行业的竞争态势，分析企业经营范围和竞争优势，识别企业面临的各种机会与风险，才能更加透彻、全面地解释和分析财务报告。这实际上也是企业战略分析的关键所在。其次，财务报告信息质量本身会受到诸如会计原则的制定和执行质量、会计政策的选择质量、信息披露质量以及审计质量等众多因素的影响。因此，在进行财务报告分析之前，应首先设计一个必不可少的会计分析环节，可以评估财务报表对企业经营活动反映的真实程度，因此会计分析是保证财务分析质量的前提。在这些工作的基础上，再对企业的各种财务能力特别是获取收益能力的可持续性作出合理的判断，进而清晰地预测企业未来发展前景。

因此，财务报告分析可从“环境—战略—行为—过程—结果”一体化的视野来理解和把握，形成战略分析—会计分析—财务分析—前景判断的分析框架，该分析框架体现出内外部分析视角相结合，企业战略与财务后果相联系的特征。企业财务报告分析的基本框架如图 1–3 所示。

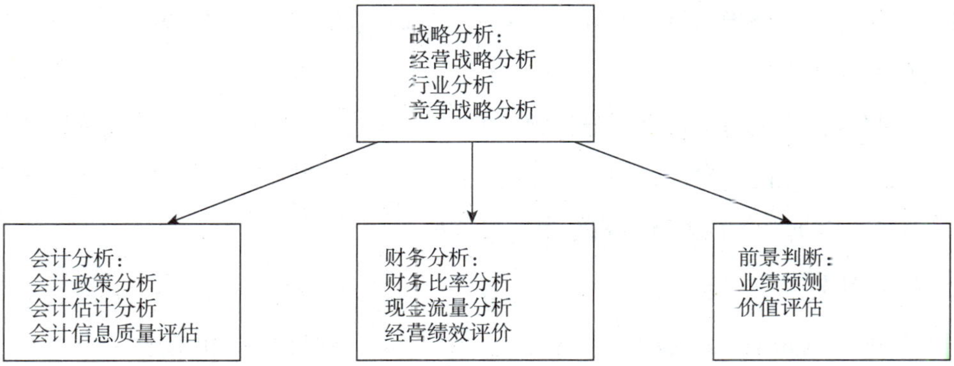

图 1–3　企业财务报告分析的基本框架

（二）财务报告分析框架的内容

从广义上来说，基于战略分析—会计分析—财务分析—前景判断的分析框架均可以用于财务报表分析、财务报告分析和财务分析等不同范畴的分析，国内许多教材也未加严格的区分，但为了与本书所阐述的财务报告分析含义保持逻辑上的一致性，需对财务报告分析基本框架的内容做一些阐述与说明。

1. 战略分析

战略分析（strategic analysis）是财务报告分析的逻辑起点。所谓战略分析，就是对拟进入行业的整体形势进行分析，或者是针对企业的竞争对手在制定战略层面的策略时所进行的分析与规划。通过战略分析，财务报告分析者可以对企业经营活动的经济意义进行定性分析，使后续的会计分析和财务分析奠定于企业现实的管理情境之中。同时，战略分析有助于财务报告分析者识别企业绩效动因及其背后隐藏的主要风险，从而评估企业当前绩效的可持续性并预测其未来绩效。

从战略的高度进行财务报告分析，会涉及因企业经营环境和经营战略定位不同而导致的各种财务关系的影响，而统领这些财务关系的关键是行业特征，行业特征会以各种各样的方式影响财务报告的内在关系以及指标的意义。只有了解企业所处的行业，从而了解其行业特征，财务报告分析者才能真正理解和体会财务报告数据的经济含义。

2. 会计分析

会计分析（accounting analysis）旨在评估财务报表披露的会计信息对企业经营活动现实的反映程度，也就是估计企业会计信息的失真程度并做出相应的调整，为财务分析提供客观和有效的数据资料。从广义上来说，会计分析实际上由两部分构成：一是财务报表分析，它依据的基础资料是财务报表，是会计分析的基础部分；二是会计政策分析，通过分析理解企业会计信息处理的原则与方法，了解会计政策的灵活性，评价企业会计处理反映经济业务的真实程度等。

对财务报告分析之前进行会计分析的目的，在于财务报告分析者可以通过评估会计弹性、会计政策与估计的恰当性，评价会计信息扭曲企业经营活动的程度，从而消除报表信息的“噪声”，有助于提高财务分析结论的可靠性。

3. 财务分析

财务分析（financial analysis）是有关利益相关主体利用公司相关的会计、统计、税务、经营与管理活动等方面的资料，特别是企业财务报告等表格与文字信息，进行大量的计算、对比，判断企业的财务运行状况和发展趋势，为利益相关者决策提供依据的活动。从总体内容看，传统财务分析中的盈利能力分析、偿债能力分析、营运能力分析等都是不可缺少的；从可持续发展角度看，财务分析还或多或少地包含了会计分析、战略分析、价值评估分析、预测分析等内容。综合来看，财务分析借助于健全的方法体系、系统客观的资料依据，结合企业所处地区、行业、市场、政策等外部环境等，来揭示企业的偿债能力、营运能力和发展潜力等，以便全面、客观地评估公司的营运活动、经营业绩和整体实力以及业绩的可持续性。

4. 前景判断

前景判断（prospect analysis）是在财务分析的基础上，对公司未来的风险与价值所作的判断，常用的方法是财务预测和企业估价。传统的财务评价仅仅从静态的角度评价企业的财务状况，如企业盈利能力、营运能力、偿债能力等，在日益激烈的市场竞争中，这显然不够全面和充分。随着经济环境的改善和技术的不断进步，通过财务报告披露未来发展前景、盈利预测、现金流量信息、企业信用评估等信息，对企业未来的风险及其价值变化作出预测判断，以吸引更多资本和投资者，就成了更高的目标。因此，前景判断对财务报告分析的要求是：财务报告分析需要关注企业未来的可能表现，从动态的角度评价企业未来的增长能力和发展趋势。前景判断体现在财务报告分析内容中，是通过对财务报表的趋势分析体现的，同时通过财务报告分析的结论，反过来透视出企业的经营战略与管理质量，又影响到企业未来发展前景的判断。

第四节　财务报告分析的形式与作用

一、财务报告分析的形式

由于企业财务报告分析的角度不同，如分析的主体不同、客体不同、目的不同等，因此企业财务报告分析的形式也有所不同。明确不同的财务报告分析形式的特点及用途，对于准确分析企业财务状况，实现分析目标都有着重要的意义和作用。

（一）内部分析与外部分析

财务报告分析根据分析主体的不同，可分为内部分析与外部分析两种。

1. **内部分析**

内部分析是指内部经营者对企业财务状况的分析。其目的是判断和评价企业生产经营是否正常、顺利，如通过盈利性分析，可评价企业的盈利能力和资本保值、增值能力；通过对企业经营目标完成情况的分析，可考核与评价企业经营业绩，及时、准确地发现企业的成绩与不足，为企业未来生产经营的顺利进行、提高经济效益指明方向。

2. **外部分析**

外部分析主要是指企业外部的投资者、债权人及政府有关部门，根据各自需要或分析的目的，对企业的有关情况进行的分析。投资者的分析，关心的主要是企业的盈利能力及发展后劲，以及资本的保值与增值状况；债权人的分析，主要看企业的偿债能力和信用情况，判断其本金和利息是否能及时、足额收回；政府有关部门对企业的财务报告分析，主要是看企业的经营行为是否规范、合法，以及对社会的贡献状况。在现代企业制度条件下，外部财务报告分析是财务分析的重要或基本形式。

应当指出，内部分析和外部分析并不是完全孤立或隔离的，要保证财务报告分析的准确性，内部分析有时也应站在外部分析的角度进行，而外部分析也应考虑或参考内部分析的结论，以避免出现片面性。

（二）全面分析与专题分析

财务报告分析根据分析的内容与范围不同，可分为全面分析和专题分析两种。

1. **全面分析**

全面分析是指对企业在一定时期的生产经营各方面的情况进行系统、综合、全面的分析与评价。

全面分析的目的是找出企业生产经营中带有普遍性的问题，全面总结企业在这一时期的成绩与问题，为协调各部门关系，搞好下期生产经营安排奠定基础或提供依据。全面分析通常在年终进行，形成综合、全面的财务报告分析。

2. **专题分析**

专题分析是指根据分析主体或分析目的的不同，对企业生产经营过程中某一环节或某一方面存在的突出问题进行分析，投资者或债权人对自己关心的某个方面的问题进行分析等，都属于专题分析。专题分析能及时、深入地揭示企业在某方面的财务状况，为分析者提供详细的资料信息，对解决企业的关键性问题有重要作用。

在财务报告分析中，应将全面分析与专题分析相结合，这样才能全面、深入地揭示企业的问题，正确地评价企业的各方面状况。

（三）财务报表分析与内部报表分析

财务报告分析从分析资料角度划分，可分为财务报表分析和内部报表分析两种。

1. 财务报表分析

财务报表是财务会计报表的简称。财务会计报表是企业依据会计准则和会计制度编制的，向国家有关部门及企业有关的单位等提供的反映企业财务状况和经营成果等会计信息的总结性文件。由于财务报表的合法性、客观性、公开性等特点，因此，对财务报表进行分析，不仅有利于财务报告分析的规范化、制度化，而且便于企业及有关各方面对企业经营与财务状况进行系统分析。从这个角度看，财务报表分析是财务报告分析的最基本形式，甚至有人将财务报告分析理解为财务报表分析。财务报表分析根据报表的种类不同又可分为资产负债表分析、利润表分析和现金流量表分析三种。应当指出，由于财务会计报表之间是相互联系、相互制约的，因此，财务报表分析不能仅对某一报表孤立地进行分析，而应将全部财务报表分析结合起来，这样才能得出正确的结论。

2. 内部报表分析

内部报表主要是指除财务会计报表之外的其他与企业财务和会计活动有关的报表资料，其中最基本的是管理会计报表。内部报表分析作为财务分析的一种形式或组成部分是必要的。因为：第一，内部报表分析是对财务报告分析的必要补充。例如，利润表分析可说明企业的收益情况和盈利能力，也可说明企业盈利增长的一般原因，或是销量增加的影响，或是成本降低的影响，但是为什么企业成本会降低呢？财务报告分析并不能回答这个问题，而内部报表分析则可根据成本报表资料，分析说明成本升降的原因。第二，由于内部报表是根据企业的生产经营特点和管理需要编制的，因此对内部报表的分析更有利于揭示企业经营管理中存在的问题或不足，这对企业的经营者是尤为重要的。

（四）趋势分析、现状分析、潜力分析

财务报告分析从分析的时期和目的角度划分，可分为趋势分析、现状分析和潜力分析三种。

1. 趋势分析

趋势分析是指对企业某个时期各单位时间的总体财务变动状况或某个财务指标的变动

情况所作的分析，借以评价企业的发展趋势。趋势分析是财务报告分析的基本形式之一，它不仅有利于评价过去，而且有利于指导现在和预测未来。趋势分析可广泛应用于不同的分析领域和分析目的。如投资者通过对企业盈利能力所进行的趋势分析，可评价企业盈利能力的稳定性及其增长趋势；债权人通过对企业偿债能力指标及其他营运指标的趋势分析，可判断企业的流动性及偿债能力；等等。

2. 现状分析

现状分析是财务报告分析的最基本和最主要的形式。它是指对企业当期的财务活动所进行的分析，以评价企业当期的各项经营和财务活动状况。现状分析最真实地反映了企业营运状况、盈利状况、权益状况、资产状况以及偿债能力状况的现状，为投资者、经营者、债权人及其他有关部门和人员提供了了解企业、作出决策的直接依据。通过对不同企业现状的分析，还可反映企业在同行业或在社会各部门中所处的地位，发现自己的差距和不足，为企业改进工作、制定正确的经营发展目标提供依据。

3. 潜力分析

潜力分析是在趋势分析和现状分析的基础上，结合企业资源变动状况和经营目标，对企业未来发展能力的估价与判断。潜力分析对于经营者、投资者和债权人都是至关重要的。潜力分析的正确与否，决定着决策的正确与否。应当指出，潜力分析通常与风险分析是紧密相关的。因此根据潜力分析进行决策时，必须考虑不同潜力的风险程度，这也就加大了潜力分析的难度和复杂性。

从上述三种形式的含义与特点可以看出，趋势分析、现状分析及潜力分析是相互联系的。进行财务报告分析，不能将它们割裂开来，孤立地使用某一种形式则可能得出片面的结论。

二、财务报告分析的作用

从财务报告分析的意义到财务报告分析的目的，都说明财务报告分析是十分重要的。尤其在我国建立社会主义市场经济体制和现代企业制度过程中，财务报告分析的意义就更加深远，作用就更加重大。从财务报告分析的服务对象看，财务报告分析不仅对企业内部生产经营管理有着重要作用，而且对企业外部投资决策、贷款决策、赊销决策等也有着重要作用。从财务报告分析的职能作用看，它对于正确预测、决策、计划、控制、考核、评价都有着重要作用。这里主要从财务报告分析对评价企业过去、现在及未来的作用加以说明。

（一）财务报告分析可正确评价企业过去

正确评价过去，是说明现在和揭示未来的基础。财务报告分析通过对实际会计报表等资料的分析能够准确地说明企业过去的业绩状况，指出企业的成绩和问题及产生的原因，是主观原因还是客观原因等。这不仅对于正确评价企业过去的经营业绩是十分有益的，而且可对企业投资者和债权人的行为产生正确的影响。

（二）财务报告分析可全面反映企业现状

财务会计报表及管理会计报表等资料是企业各项生产经营活动的综合反映。但会计报表的格式及提供的数据往往是根据会计的特点和管理的一般需要而设计的，它不可能全面提供不同目的报表使用者所需要的各方面数据资料。财务报告分析，根据不同分析主体的分析目的，采用不同的分析手段和方法，可得出反映企业在该方面现状的指标，如反映企业资产结构的指标、企业权益结构的指标、企业支付能力和偿债能力的指标、企业营运状况的指标、企业盈利能力的指标等。通过这种分析，对于全面反映和评价企业的现状有重要作用。

（三）财务报告分析可用于估价企业未来

财务报告分析不仅可用于评价过去和反映现状，更重要的是它可通过对过去与现状的分析与评价，估价企业的未来发展状况与趋势。财务报告分析对企业未来的估价，第一，可为企业未来财务预测、财务决策和财务预算指明方向；第二，可为企业进行财务危机预测提供必要信息；第三，可准确评估企业的价值及价值创造，这对企业进行经营者绩效评价、资本经营和产权交易都是十分有益的。

第二章 财务报告的信息结构

财务会计报告是由会计报表（资产负债表、利润表、现金流量表、所有者权益变动表）、会计报表的附注和财务情况说明书组成。下文对主要的财务报表、资产负债表、损益表、现金流量表、财务报表附注进行解释与分析。

第一节 财务报表列报的基本要求

一、持续经营

我国自 2007 年 1 月 1 日起实施的《企业会计准则——基本准则》第 6 条规定："企业会计确认、计量和报告应当以持续经营为前提。"即企业应当以持续经营为基础，根据实际发生的交易和事项，按照企业会计准则的规定进行确认和计量，在此基础上编制财务报表。企业不应以附注披露代替确认和计量，不应以表外披露代替表内列报。

在编制财务报表的过程中，企业管理层应当在考虑市场经营风险、企业盈利能力、偿债能力、财务弹性，以及企业管理层改变经营政策的意向等因素的基础上，对企业的持续经营能力进行评价。如果对企业的持续经营能力产生重大怀疑，应当在附注中披露导致对持续经营能力产生重大怀疑的影响因素。

企业正式决定或被迫在当期或将在下一个会计期间进行清算或停止营业的，表明其处于非持续经营状态，应当采用其他基础（如现金收付实现制）编制财务报表，并在附注中声明财务报表未以持续经营为基础列报、披露的原因和财务报表的编制基础。

二、列报项目的一致性

财务报表项目的列报应当在各个会计期间保持一致，除非出现下列情况，否则不得随意变更。

（1）会计准则要求改变财务报表项目的列报。

（2）企业经营业务的性质发生重大变化后，变更财务报表项目的列报能够提供更可靠、更相关的会计信息。

三、列报项目的重要性

在编制财务报表的过程中，企业应当考虑报表项目的重要性。对于性质或功能不同的项目，如固定资产、无形资产等，应当在财务报表中单独列报，不具有重要性的项目除外；对于性质或功能类似的项目，其所属类别具有重要性的，应当按其类别在财务报表中单独列报，如原材料、在产品、库存商品等，应当合并为“存货”项目列报。

重要性是指财务报表中如果某项目的省略或错报会影响使用者据此作出的经济决策，该项目具有重要性。判断项目性质的重要性，应当考虑该项目的性质是否属于企业日常活动、是否对企业的财务状况和经营成果具有较大影响等因素；判断项目金额大小的重要性，应当通过单项金额占资产总额、负债总额、所有者权益总额、营业收入总额、营业成本总额、净利润等直接相关项目金额的比重加以确定。

四、不得相互抵销

为提高会计信息的完整性和可比性，有利于财务报告使用者作出经济决策，财务报表中的资产项目和负债项目的金额、收入项目和费用项目的金额不得相互抵销。

下列两种情况不属于抵销，可以净额列示。

（1）资产项目按扣除减值准备后的净额列示，不属于抵销。对资产计提减值准备，表明资产的价值已经发生减损，按扣除减值准备后的净额列示，能够反映资产给企业带来的经济利益，不属于抵销。

（2）非日常活动产生的损益，以收入减扣费用后的净额列示，不属于抵销。非日常活动的发生具有偶然性，不是企业的经常性活动以及与经常性活动相关的其他活动。非日常活动产生的损益以收入减扣费用后的净额列示，可以降低偶然性因素对决策的干扰，因而更有利于财务报告使用者的经济决策，不属于抵销。

当然，如果金融资产和金融负债同时满足下列条件，应当以相互抵销后的净额在资产负债表内列示。

（1）企业具有抵销已确认金额的法定权利，且该法定权利现在是可执行的。抵销的法定权利，主要是指债务人根据相关合同或规定，可以用其欠债权人的金额抵销应收同一债权人债权的权利。例如，从事证券经纪业务的证券公司，可以按照证券交易结算的相关规定，采用净额方式与证券登记公司进行结算。

（2）企业计划以净额结算，或同时变现该金融资产和清偿该金融负债。例如，A 公司与 B 公司有长期合作关系，为简化结算，A 公司和 B 公司在合同中明确约定，双方往来款项定期以净额结算（在法律上有效）。这种情况满足金融资产和金融负债相互抵销的条件，应当在资产负债表中以净额列示相关的应收款项或应付款项。

五、比较数据

财务报表至少应当提供所有列报项目上一可比会计期间的比较数据，以及与理解当期财务报表相关的说明，以便向财务报告使用者提供比较数据，提高会计信息的可比性，有助于其作出经济决策。

财务报表项目的列报发生变更的，应当对上期比较数据按照当期的列报要求进行调整，并在附注中披露调整的原因和性质，以及调整的各项目金额。对上期比较数据进行调整不切实可行的，应当在附注中披露不能调整的原因。不切实可行是指企业在作出所有合理努力后仍然无法采用某项规定。

六、报告期间

企业至少应当按年编制财务报表。年度财务报表涵盖的期间短于 1 年的，应当披露年度财务报表的涵盖期间，以及短于 1 年的原因。企业还应当在财务报表的显著位置至少披露下列各项。

（1）编报企业的名称；

（2）资产负债表日或财务报表涵盖的会计期间；

（3）人民币金额、单位；

（4）财务报表是合并财务报表的，应当予以标明。

第二节　资产负债表解释与分析

资产负债表，在我国曾有一段时间称为资金平衡表，指反映企业某一特定日期，资产、负债和所有者权益及其构成情况的会计报表。

资产负债表的数字为时点数，反映的内容是资金循环相对静止状态下的表现形式，属于静态报表。报表使用者通过阅读与分析资产负债表可以得到如下信息：

（1）企业所拥有和控制的经济资源，以及这些资源的分布与构成和企业的财力规模；

（2）企业的资金来路，包括企业承担的债务及投资者在企业中所拥有的权益；

（3）企业的财务实力、短期偿债能力和支付能力；

（4）通过对比较资产负债表的对照分析，可以揭示企业资金结构的变化情况及财务状况的发展趋势。①

一、资产负债表及其作用

资产负债表又称财务状况表，用以表达一个企业在特定时期的财务状况。财务状况是指企业的资产、负债、所有者权益及其相互关系。资产负债表是以“资产＝负债＋所有者权益”这一等式为理论基础的，据此可以分析企业的财务状况。从资产负债表的功能上说，其主要有四个方面的作用。

（一）反映资产及其分布状况

资产负债表能够反映企业在特定时点拥有的资产及其分布状况的信息。它表明企业在特定时点所拥有的资产总量有多少，资产是什么。例如流动资产有多少、固定资产有多少、长期投资有多少、无形资产有多少等。

（二）表明企业所承担的债务及其偿还时间

资产负债表能够表明企业在特定时点所承担的债务、偿还时间及偿还对象。如果是流动负债，就必须在1年内偿还；如果是长期负债，偿还期限就可以超过1年。因此，从资

① 刘伟丽，王志峰．资产负债表日后事项［M］．北京：兵器工业出版社，1999．

产负债表可以清楚地知道，在特定时点上企业欠了谁多少钱，该什么时候偿还。

（三）反映净资产及其形成原因

资产负债表能够反映在特定时点投资人所拥有的净资产及其形成的原因。净资产其实是股东权益，或者是所有者权益的另外一种叫法。在某一个特定时点，资产应该等于负债加股东权益，因此，净资产就是资产减负债。应该注意的是，可以说资产等于负债加股东权益，但绝不能说资产等于股东权益加负债，它们有着根本性的区别。因为会计规则特别强调先人后己，也就是说，企业的资产首先要用来偿还债务，剩下的不管多少，都归投资人所有。如果先讲所有者权益，就是先己后人，这在会计规则中是不允许的。

（四）反映企业财务发展状况趋势

资产负债表能够反映企业财务发展状况的趋势。当然，孤立地看一个时点数，也许反映的问题不够明显，但是如果把几个时点数排列在一起，企业财务发展状况的趋势就很明显了。

二、资产负债表概述

（一）资产负债表的内容和结构

资产负债表的表头主要列示表名、编制日期、编制单位和金额单位。

表名指的就是“资产负债表”的报表名称，它是对该报表的一种称呼。资产负债表在1993年以前，又称为资金平衡表，当然，当时报表的会计要素是不同的。对表名，虽然一般能表示该表的内容，但也不能望文生义，认为资产负债表就是反映资产和负债的报表。

编制日期指的是资产负债表报告期间的最后截止日。如1月份的资产负债表，其编制日期为1月31日，如为第一季度的资产负债表，其编制日期为3月31日，如为2002年年度资产负债表，其编制日期为2002年12月31日。需要说明的是，编制日期不是编制的工作日期。如2002年度的资产负债表，其编制的工作时间可能已到了2003年2月，但报表上的编制日期仍为2002年12月31日。

编制单位指的是该报表的会计主体。会计主体在一般情况下是一个独立核算的企业，但也可以是由控股企业所组成的一个企业集团，还可以是进行独立核算的企业的某一分部门，如企业的某一分部等。如果由企业集团所编制的资产负债表，即为合并资产负债表。

金额单位指的是报表的编报货币单位。按规定，我国的编报货币必须是人民币，编制时金额单位以人民币的“元”为单位。即使汇总报表或合并报表的金额较大，也是以“元”为金额单位。

资产负债表的简要格式如表 2-1 所示。

表 2-1　资产负债表（简要格式）

资产	负债和所有者权益
流动资产	流动负债
长期投资	长期负债
固定资产	递延税项（贷项）
无形资产及其他资产	
递延税项（借项）	所有者权益
资产总计	负债和所有者权益总计

注：对于股份制企业，所有者权益称为“股东权益”。

资产方的排列，采用的是流动列前式，即以各类资产变现能力的强弱程度为排列顺序，变现能力强的资产列前，变现能力弱的列后。变现能力也就是将资产转变为现金的能力。比如，货币资金本身就是现金，不需转变就已是现金，因此它在资产负债表中排第一；应收票据和应收账款可以在比较短的时间内转变为现金，分别排在第二、第三位；原材料、产成品、库存商品等存货，变为现金的时间更长一些，所以要靠后排；长期投资的收回在 1 年以上，其变现要慢于流动资产；而固定资产则更靠后些。

负债则以偿还负债的急缓程度为排列顺序，如短期借款、应付票据、应付账款，均是在近期归还的债务，理应排列在先；应付工资、应交税金等次之。而对于长期借款、应付债券等长期负债，则应排列在流动负债后。

所有者权益类（股东权益类）则以原始投资排前，派生的留存收益排后，如实收资本、资本公积是在接受投资者原始投资时产生的，因此排列在前。而盈余公积、未分配利润是企业在实现利润后按规定提留形成的留存收益，则应排在后面。此外，对于股份制企业，还应同时按投入资本金所享有的优先要求权为排列顺序，即先是优先股股本，然后才是普通股股本。

（二）资产负债表中资产的含义

所谓资产，是指企业所拥有或控制的能以货币计量的可以在未来为企业带来利益的经济资源。俗话说，巧妇难为无米之炊。企业要进行各种经营活动，就必须具备一定的资产才能进行。从资产的内涵来说，有三层含义：一是资产的本质是能为企业带来未来经济利益的经济资源。具体来说，指该经济资源是可望给企业带来现金流入的。如机器设备，能通过对其使用生产出产品而获得经济利益流入，也可对其出售获得经济利益的流入，为此机器设备具备了作为资产的特征。而企业生产经营过程中产生的物品，则应视其是否具有交换价值或使用价值而确定是否为资产。如没有交换价值或使用价值的物品，表明其不能给企业带来未来效益，则不作为资产确认。二是资产是由过去交易或事项所产生的。也就是说，资产必须是现实的资产，是由过去已经发生的交易所产生的结果，而不能是预期的资产。至于未来交易或事项以及未发生的交易或事项可能产生的结果，则不属于现在的资产，不得作为资产确认。如劳动力，是一种经济资源，但它不具备由过去交易或事项产生这一特征，因此劳动力并不作为资产入账。企业拥有某些天然的自然资源也因其不具备这一特征，不作为资产入账。三是资产是企业拥有或者控制的。“拥有”，指的是企业对该经济资源具有所有权，即必须归企业所有，也就是企业对该项经济资源具有产权时，才作为企业的资产予以确认。不具有其所有权的一般不作为资产确认，如企业经营性租入一生产设备，由于不拥有其所有权，不作为资产入账。“控制”，是专门针对一些特殊方式形成的资产而说的，目前主要是指融资租入固定资产的情况。融资租入固定资产的情况较为特殊，其租赁期一般要求达到该项资产使用期限的75%以上，在该使用期限内经济利益为租入方所有。因此，企业虽然对其不拥有所有权，但能够对其实施实际的控制，按照实质重于形式原则的要求，也应当将其作为企业资产予以确认。

从外延形式来看，资产包括财产、债权和其他权利三大部分。企业的资产，可以是以实物形态存在的资产，也可以是无实物形态存在的那些具有一定价值的、合法的、可以主张的权利。如未来要求取得现金权利的应收账款、企业享有的通过法律确认的专利权、商标权等。

资产可以按照不同的标准进行分类：按照其货币性质可分为货币性资产（如现金、银行存款、有价证券等）和非货币性资产（包括库存材料、库存商品、低值易耗品、委托加工产品、固定资产等）；按照其实物形态可分为有形资产（如现金、固定资产、库存商品等）和无形资产（如专利权、商标权、专有技术、土地使用权、商誉等）；按照其流动性可以分为流动资产（如现金、应收账款、存货等）和非流动资产（如长期投资、固定资产、无形资产以及递延资产等）。

通过资产负债表中的资产项目，就可以了解企业资产的分布和占用情况。

（三）资产负债表中负债的含义

负债是指由过去的交易或事项所引起的企业的现有义务，这种义务需要企业在将来以转移资产或提供劳务加以清偿，从而引起未来经济利益的流出。负债从内涵来看包括三层含义：一是负债是由过去交易或事项所形成的当前的债务。也就是说，企业预期在将来要发生的交易或事项可能产生的债务，并不能作为会计上的负债处理。如企业与供货单位签订的供货合同，由于该项购货业务并未发生，企业就不能将其作为一项负债。二是负债是企业将来要清偿的义务。也就是说对于某些已经形成的支付义务，按照权责发生制原则不论其款项是否实际支付，都要把它作为企业的负债处理。三是负债需要在将来通过转移资产或提供劳务予以清偿。负债在大多数的情况下，要用现金进行清偿；在有的情况下，也可以用商品和其他资产或者通过提供劳务的方式进行清偿；有些负债还可以通过举借新债来抵补。

负债具有现实性、可计量性、确定性等特点。按照偿还期限的长短可以将负债分为流动负债和长期负债。之所以这样区分，目的是通过了解企业流动资产和流动负债的相对比例，以大致反映企业的短期偿债能力；同时，通过对可用于支付的流动资产与近期须支付的流动负债（如短期借款、应付账款等）的比例，可以了解企业的清算能力；另外也可为短期债权人提供所需的信息资料。

通过资产负债表中的负债项目，就可以了解企业对外承担的债务情况，了解企业存在的财务风险。一般说来，债务越大风险就会越大，但存在一定的债务，也同样会获取一定的财务杠杆利益。俗话称为“借鸡生蛋”。财务杠杆利益是由投资的利润率大于借款利息率时获得的，其意思是借来的资金通过经营后会获得盈利，该盈利扣除借款利息后的差额可能要比吸收新的投资者投资共享盈利更合算。所以说，一定的负债是必需的，对企业也是有利的。

（四）资产负债表中所有者权益的含义

所有者权益是企业投资人对企业净资产的所有权，是企业全部资产减去全部负债后的余额。所有者权益表明企业的产权关系，即企业归谁所有。不同性质的企业，其所有者权益的名称不同，如股份制企业，称为股东权益；其他企业称为业主权益。所有者权益在一般情况下企业不需要归还其投资者，使用所有者权益所形成的资金也不需要支付费用，而是参与企业的利润分配，与企业共担风险；在企业清算时，所有者权益只有在清偿所有的负债后才返还给投资者。

所有者权益按资本的不同性质可分为投入资本、资本公积和留存收益三部分。投入资本形成注册资本的部分称为“实收资本”，在股份制企业又称“股本”，它构成所有者权益最基本的部分。

三、资产负债表的初步分析

资产负债表的初步分析可以分为资产分析、负债分析和所有者权益分析。

（一）资产分析

资产分析的目的是通过对企业资产规模和资产构成情况变动的分析，找出影响企业资产规模、结构变动的原因，以及资产规模和结构变动对企业产生的影响。

资产代表企业控制的经济资源，资源要能最大限度地发挥其功能，就必须有一个合理的配置。通过观察前后几期的变化，并与同行业规模企业进行比较，可以了解企业经营资源的配置是否合理。任何一种资产及其比重过低或过高，都不同程度地说明企业在投资与资产营运管理上存在问题。对于资产的分析主要是通过对资产负债表的各类资产占总资产的比重即资产结构的分析来反映的。

企业经营资产主要由流动资产与固定资产两部分构成。两者的比例变化反映了企业的技术构成变化。一般而言，风险和收益是成正比的。固定资产比重越大，技术构成越高，资金收益也就越高，但企业资金的流动性差，经营风险一般也较大；相反，流动资产所占的比重大，资金的流动性强，风险小，相应地资金收益也就低。特别值得重视的几个资产结构分别是现金类资产的比重、应收账款和存货的比重、固定资产的比重和无形资产的比重等。

1. 流动资产项目分析

（1）现金类资产比重分析。现金类资产（资产负债表中的货币资金和交易性金融资产）应有一个合理的储备量。比重过低会影响企业的正常经营和正常支付，会导致短期偿债风险增加，威胁企业的生存；相反，比重过高又会导致现金闲置，影响企业的获利能力，因为现金类资产的盈利能力最低。不过，目前的情况不是企业现金过多；相反，对多数企业来说，其主要任务是要适当增加现金储备，提高资产的变现能力和支付能力。

（2）应收账款和存货比重分析。存货是流动资产中流动性较差、变现能力较弱的一项资产，而应收账款由于近年来企业间的相互拖欠较为严重，影响了企业这部分资金的及时回笼。因此，这两项资产在流动资产中所占比重的大小，关系着企业流动资产的周转速度，进而影响企业的现金流量和短期偿债能力。

通常情况下，存货储备的严重不足，比重过低，不仅正常的生产难以保证，而且往往会失去营销良机；相反，存货上升过快，则体现了企业过量采购或生产与销售能力不足，存货占用成本上升，盈利能力下降，同时会增加流动资产的变现风险，应收账款增加过高，这将带来坏账风险的增加，影响收益质量。

从目前情况看，应收账款与存货比重普遍过高，导致资金的大量闲置和沉淀，使企业现金短缺，资产使用效率低下。目前我国全部工业企业流动资产的7.3%被存货占用，20%以上为应收账款占用，速动资产的实际比重不足40%，造成流动资金使用上的严重紧张。美国会计学会曾在一份研究报告中得出这样的结论：财务失败的企业在走向失败的过程中，流动性项目所呈现出来的特征是，应收账款和存货越来越多，现金及现金流量越来越少。照此结论，企业只有保持较低的应收账款和存货比重，才能确保其财务的安全性，才能防止企业出现破产的风险。

2. 固定资产比重分析

固定资产比重过低，会影响企业现时的生产经营能力与未来的发展能力；相反，比重过高，则表明企业资产的流动性太低。同时，高额的折旧势必形成高额的固定成本，直接导致企业经营风险的提高。此外，由于固定资产价值回收期长，势必形成高比重固定资产经营的高风险性。

3. 无形资产比重分析

总的来看，这个比重是越高越好。随着科技进步和经济发展尤其是知识经济时代的到来，硬资源在企业生存和发展中的作用和相对价值在不断下降，而包括无形资产在内的软资源的作用和相对价值在不断上升。要与这个规律和趋势相适应，企业必须善于培育和合理配置无形资源。

借助无形资产比重这一指标，可以观察企业知识化和高新技术化的程度，也可以分析企业可持续发展的潜力以及综合竞争能力的强弱。目前，西方国家许多企业的这个比例已高达50%~60%，特别是高新技术企业。而我国工业企业的无形资产比重只有7.0%，许多地区和行业还达不到这个比重，看来，培育无形资产的任务对于我国企业来说还很艰巨。

4. **对外投资比重分析**

多数企业都希望这个比重高些。第一，企业的资产需要一个适当的组合，内外分布便是企业降低资产风险的重要途径。第二，商品经营与资本经营并举，是现代企业经营发展的新趋势，而对外投资就是资本经营的重要形式。对资本经营的重视，将导致资产中对外投资的比重上升。第三，借助这个指标可以观察企业资本经营的水平和效果。第四，集团化的大企业一般都是以资本为纽带组建的，如若企业的对外投资少，则集团化和大型化的进程和规模通常也是有限的。

（二）负债分析

负债分析的目的是通过对企业负债规模和负债构成情况变动的分析，找出影响企业负债规模、结构变动的原因，以及负债规模和结构的变动对企业产生的影响。

企业为了促进经营发展，需要不断筹集资金。在众多筹资渠道中，企业利用负债筹资是最常见的。利用资产负债表，可以了解企业一定时期各类资金总量及其结构状况的变化，与同行业相同规模企业进行比较，可以分析企业资金来源的构成，尤其是财务风险的状况。任何一种资金来源及其比重过低或过高，都不同程度地说明了企业在资金筹措及资金结构上存在问题。

1. **流动负债初步分析**

流动负债初步分析就是对流动负债的各构成项目的变动进行初步分析，目的是找到影响流动负债变动的主要因素。

在资产负债表上，负债通常按偿还期限分为流动负债和长期负债两大类。这样的分类是以一年或一个营业周期为标准的，即需要在一年内偿还的是流动负债，否则就是长期负债。资产负债表使用的这个标准是“理论标准”，而这个“理论标准”与“现实标准”还是有较大差距的。现实中，企业总是或多或少地存在超过一年还没偿还的应付款项，如长期挂账的应付账款和应交税金等。这些长期化了的应付款项，实际上已不是流动负债而是长期负债，但在编制报表时，会计人员通常并不严格地进行这样的区分，结果这些长期化的应付款项被不合理地列入流动负债之中，账面流动负债与实际流动负债发生了背离。但作为报表的阅读者，在看企业的负债尤其是观察流动负债时，最好将长期化的负债从账面流动负债中剔除，以确定企业流动负债的真实数量。

通常情况下，流动负债所占的比重越高，说明企业对短期资金的依赖性越强，企业短期偿债的压力越大，要求企业资金周转的速度要快；反之，说明企业对短期资金的依赖程度较小，企业面临的短期偿债的压力越小。因此，如果企业在流动资产周转速度快，短期偿债的资金成本较低的情况下，企业可融资的流动负债就可以多些；反之，流动负债融资就可以少些。一般来说，成长型企业流动负债占负债总额的比重较低，成熟型企业这一比例较高。流动负债比重偏高，一个主要的原因是企业流动资金短缺，形成正常的业务经营活动对流动负债的高度依赖。因此，解决这个问题的关键，还在于盘活流动资产，尤其是流动资产中的应收账款和存货。

2. 长期负债初步分析

与流动负债相比较而言，长期负债的偿还期较长，资金成本较大。长期负债所占的比重越高，表明企业在经营中借助于长期资金的程度越高，长期利息负担和未来本金的偿还将增加企业的长期财务风险；反之，企业借助于长期资金的程度较小，偿债压力也就越小。一般来说，长期负债占负债总额的比重，成长型企业较高，成熟型企业较低。

另外，在借助资产负债表观察企业负债的长期化程度时，还应注意预计负债的作用。一方面，应根据所掌握的新的证据，对相关或有事项和预计负债发生的可能性重新进行估计，并关注那些发生可能性变化（或增大或减小）的或有事项和预计负债；另一方面，诸如未决诉讼和产品质量保证，有些可能就是长期化的。现实中，多年未决的官司比比皆是。产品质量保证，往往也需要跨几个年度。

（三）所有者权益分析

通过所有者权益各项目占所有者权益总额的比重，可以分析企业的经济实力和风险承担能力。通常情况下，所有者权益应为正值；若为负值，则表明企业资不抵债。所有者权益是企业偿还负债的保障和基础，企业应有一个合理的产权（即为所有者权益）结构以确保财务结构的稳定。在资产负债表中，所有者权益一般按投资者对权益要求权的顺序来排列。其中，实收资本属于永久性存在项目，在所有者权益项目中其流动性最差。未分配利润则未限定用途，一般计入当年的可供分配利润，在投资者中进行分配，当企业经营亏损时，它可用来弥补账面亏损。可见未分配利润的流动性最大。资本公积、盈余公积的流动性介于两者之间，但盈余公积可随时用来弥补企业亏损，其流动性比资本公积大。

所有者权益构成（即所有者权益占权益总额的比重）可以反映企业承担风险能力的大小，所有者权益构成比重越大，企业的财务状况越稳定，发生债务危机的可能性就越小；

反之比重过低，说明负债率过高，财务风险上升。另外，经营者对企业前景的信心和对风险所持有的态度也影响着所有者权益的构成。

四、资产负债表项目趋势分析

（一）资产项目的趋势分析

1. 绝对数额分析

绝对数额分析是指将企业连续几年的流动资产、非流动资产的相关项目的绝对额进行对比，可以查看这些资产项目的变化趋势，从而洞悉企业资产的变动情况。以 ABC 公司为例，其 2014—2018 年的相关项目金额如表 2-2 所示。

表 2-2 ABC 公司资产情况绝对数额趋势分析 单位：元

项目	2014 年	2015 年	2016 年	2017 年	2018 年
货币资金	957 213 705.59	685 079 919.08	1 827 147 730.00	2 645 488 112.37	7 839 228 671.52
交易性金融资产	588 666 475.03	1 000 574 398.28	471 206 450.90	0.00	0.00
应收票据	272 695 831.41	391 810 246.36	298 710 946.00	297 701 948.31	662 518 246.82
应收账款	90 069 419.53	116 295 699.11	234 071 756.80	241 148 393.79	267 706 596.54
存货	323 611 769.85	358 739 265.62	217 883 519.10	121 054 571.09	507 928 712.85
流动资产合计	2 232 257 201.41	2 552 499 528.45	3 049 020 402.80	3 305 393 025.56	9 277 382 227.73
长期股权投资	6 755 521 664.02	7 244 855 459.10	6 713 009 643.00	27 098 707 711.96	30 211 753 324.17
固定资产	1 212 827 288.85	1 576 767 657.47	1 625 368 253.00	1 070 078 028.27	2 352 225 420.39
无形资产	12 498 839.80	90 586 533.29	87 929 749.30	430 082 467.26	983 190 507.87
长期资产合计	7 980 847 792.67	8 912 209 649.86	8 426 307 645.30	28 598 868 207.49	33 547 169 252.43
总资产	10 213 104 994.08	11 464 709 178.31	11 475 328 048.10	31 904 261 233.05	42 824 551 480.16

由表 2-2 可以看出，该公司的资产在过去的 5 年里呈上升趋势，尤其是在 2017 年后上升速度很快。流动资产和长期资产也表现出相似的增长趋势。长期资产的增长速度略大于流动资产。在流动资产中，货币资金的增长趋势较应收账款、存货等更加明显，说明企业具有充足的现金。长期资产的增加主要体现在长期股权投资在 2018 年之后增长速度明

显，而固定资产的变化不是很明显。

2. 环比分析

环比分析，一般是指报告期水平与前一时期水平相比，表明现象逐期的发展速度。计算货币资金、存货、长期股权资产、固定资产等资产项目相邻两期的变动百分比，可以查看这些项目变动的方向和幅度，从而分析企业资产的变动情况。ABC 公司 2014—2018 年的资产项目环比变动情况如表 2-3 所示。

表 2-3　ABC 公司资产情况的环比趋势分析　　单位：%

项目	(2015-2014)/2014	(2016-2015)/2015	(2017-2016)/2016	(2018-2017)/2017
货币资金	-28.43	166.71	44.79	196.32
交易性金融资产	69.97	-52.91	-100.00	—
应收票据	43.68	-23.76	-0.34	122.54
应收账款	29.12	101.27	3.02	11.01
存货	10.85	-39.26	-44.44	319.59
流动资产合计	14.35	19.45	8.41	180.67
长期股权投资	7.24	-7.34	303.67	11.49
固定资产	30.01	3.08	-34.16	119.82
无形资产	624.76	-2.93	389.12	128.61
长期资产合计	11.67	-5.45	239.40	17.30
总资产	12.25	0.09	178.02	34.23

由表 2-3 的环比数据可以看出，该公司的总资产在过去几年里呈增长趋势，2015 年、2016 年增长较慢，2017 年增长迅速，总资产规模扩大了近 3 倍，2018 年增速减缓。流动资产在 2018 年增加明显，其中货币资金增加迅速，但流动资产总体呈现出不断增长的势头。长期资产的变化趋势不是很稳定，在 2017 年出现了快速增长，2018 年则增速放缓。其中长期股权投资和无形资产的变化较大，固定资产除了在 2017 年有所减少外变化不是很明显。总的来说，企业的流动资产呈不断增加的趋势，但是长期资产变化的波动性较大，因此，企业总资产总的来说呈现增长的趋势不是很稳定。

3. 定基分析

定基分析就是选定一个固定的期间作为基期，计算各分析期的流动资产、长期资产等相关项目与基期相比的百分比。这种分析不仅能看出相邻两期的变动方向和幅度，还可以看出一个较长期间内的总体变动趋势，便于进行较长期间的趋势分析。ABC 公司 2014—2018 年资产项目的定基百分比如表 2-4 所示。

表 2-4　ABC 公司 2014—2018 年资产项目的定基趋势分析　单位：%

项目	2014 年	2015 年	2016 年	2017 年	2018 年
货币资金	100.00	71.57	190.88	276.37	818.96
交易性金融资产	100.00	169.97	80.05	0.00	0.00
应收票据	100.00	143.68	109.54	109.17	242.95
应收账款	100.00	129.12	259.88	267.74	297.22
存货	100.00	110.85	67.33	37.41	156.96
流动资产合计	100.00	114.35	136.59	148.07	415.61
长期股权投资	100.00	107.24	99.37	401.13	447.22
固定资产	100.00	130.01	134.01	88.23	193.95
无形资产	100.00	724.76	703.50	3 440.98	7 866.25
长期资产合计	100.00	111.67	105.58	358.34	420.35
总资产	100.00	112.25	112.36	312.39	419.31

由表 2-4 可以看出，ABC 公司总资产的增长是很快速的，尤其是 2017 年以后开始迅猛增长。细分来看，货币资金、应收账款、存货的增长水平是很快速的。长期资产中，长期股权投资的增长相对于其他项目来说很明显，尤其是从 2017 年开始增长迅速。固定资产在 2017 年有所减少。2017—2018 年的无形资产与基期相比呈现极其迅速的增长。总体来说，总资产规模的扩大得益于流动资产及长期资产中的长期股权投资及无形资产等项目的增加。

（二）负债项目的趋势分析

1. 绝对数额分析

将企业的负债项目的绝对数额进行对比，可以看出这些项目的变化趋势，从而洞悉企业负债的变动方向。ABC 公司 2014—2018 年的负债项目情况如表 2-5 所示。

表 2-5 ABC 公司负债的绝对数额分析 单位：元

项目	2014 年	2015 年	2016 年	2017 年	2018 年
短期借款	34 490 000.00	0.00	0.00	0.00	2 000 000 000.00
应付票据	20 276 493.58	6 595 466.69	12 927 513.66	0.00	0.00
应付账款	206 424 906.39	214 183 453.64	252 128 618.03	423 086 816.29	2 336 028 684.19
一年内到期的长期负债	2 800 000.00	31 000 000.00	31 000 000.00	101 973 282.59	227 256 834.66
流动负债合计	263 991 399.97	251 778 920.33	296 056 151.69	535 060 098.98	4 563 285 518.85
长期借款	20 000 000.00	31 000 000.00	0.00	0.00	0.00
应付债券	0.00	0.00	0.00	0.00	4 839 663 820.22
长期应付款	633 161.67	633 161.67	0.00	0.00	0.00
预计负债	0.00	0.00	0.00	0.00	32 188 437.03
专项应付款	34 260 000.00	34 260 000.00	34 260 000.00	2 446 319.00	0.00
其他长期负债	0.00	0.00	0.00	1 238 110 339.77	1 200 760 247.39
递延所得税负债	0.00	0.00	0.00	0.00	213 369 804.98
长期负债合计	54 893 161.67	65 893 161.67	34 260 000.00	1 240 556 658.77	6 286 482 309.62
负债合计	318 884 561.64	317 672 082.00	330 316 131.69	1 775 616 757.75	10 849 767 328.47

由表 2-5 可以看出，该公司的总负债在 2017 年开始增长迅速。从对负债的各项分析中可以看出，长期负债的增加较流动负债更为明显，流动负债的增加更多地体现在应付账款的波动上。长期负债合计中，长期负债并没有因为长期借款的减少而减少，反而在 2017 年之后增加较为快速。这主要是由 2017 年长期负债中专项应付款和其他长期负债的增加及 2018 年到期的应付债券增加所致。

2. 环比分析

环比分析是指计算流动负债、长期负债等相关项目相邻两期的变动百分比，可以查看负债项目的变动方向和幅度，从而分析企业的偿债能力。ABC 公司负债的环比趋势分析如表 2-6 所示。

通过表 2-6 可以看出，公司负债在 2017 年增长十分迅速，达到了 437.55%。长期负债波动较大，这主要是由 2018 年长期负债项中的专项应付款和其他长期应付款增加所致。另外，在 2017 年的基础上，2018 年长期负债又增加了应付债券。流动负债呈现波动的增加趋势，这主要体现在应付账款和一年内到期的长期负债项目上。因此企业总的负债呈现较大的波动性。

表 2-6　ABC 公司负债的环比趋势分析　　单位：%

项目	(2015-2014)/2014	(2016-2015)/2015	(2017-2016)/2016	(2018-2017)/2017
短期借款	-100.00	—	—	—
应付票据	-67.47	96.01	-100.00	—
应付账款	3.76	17.72	71.77	439.39
一年内到期的长期负债	1 007.14	0.00	228.95	122.86
流动负债合计	-4.63	17.59	80.73	752.85
长期借款	55.00	-100.00	—	—
应付债券	—	—	—	—
长期应付款	0.00	0.00	—	—
预计负债	—	—	—	—
专项应付款	0.00	0.00	-92.86	-100.00
其他长期应付款	—	—	—	-3.02
递延所得税付债	—	—	—	—
长期负债合计	20.04	-48.01	3 521.01	406.75
负债合计	-0.38	3.98	437.55	511.04

3.定基分析

通过对于负债各项的定基分析，计算分析其中的流动负债、长期负债等相关项目与基期相比的百分比，不仅能够看出相邻两期负债的变动方向和幅度，还可以看出一个较长期间内的变动总体趋势，便于进行较长期间的趋势分析。ABC 公司 2015—2018 年负债的定基趋势分析如表 2-7 所示。

表 2-7　ABC 公司负债的定基趋势分析　　单位：%

项目	2014 年(基期)	2015 年	2016 年	2017 年	2018 年
短期借款	100.00	0.00	0.00	0.00	5 798.78
应付票据	100.00	32.53	63.76	0.00	0.00
应付账款	100.00	103.76	122.14	209.80	1 131.66
一年内到期的长期负债	100.00	1 107.14	1 107.14	3 641.90	8 116.32
流动负债合计	100.00	95.37	112.15	202.68	1 728.57
长期借款	100.00	155.00	0.00	0.00	0.00
长期负债合计	100.00	120.04	62.41	2 259.95	11 452.21
负债合计	100.00	99.62	103.58	556.82	3 402.41

表 2-7 中，2014 年的负债为基期，通过定基分析可以看出，2017 年以后负债呈现出了很大的增长幅度，很明显长期负债的增幅远远大于流动负债，这是由 2017 年的专项应付款等和 2018 年的应付债券增加导致的。

（三）所有者权益项目的趋势分析

1. 绝对数额分析

ABC 公司 2014—2018 年所有者权益相关项目的绝对数额趋势分析如表 2-8 所示。

表 2-8 ABC 公司所有者权益的绝对数额趋势分析 单位：元

项目	2014 年	2015 年	2016 年	2017 年	2018 年
股本	2 519 999 300. 00	3 275 999 090.00	3 275 999 090.00	6 551 029 090.00	6 551 029 090.00
资本公积	4 958 911 000.23	4 969 160 069.90	4 970 546 409.19	21 580 427 001.73	22 592 545 557.39
盈余公积	1 004 788 300.78	1 398 169 026.28	1 618 710 063.76	1 956 277 100 38	2 625 728 994.80
未分配利润	1 314 548 200.79	1 754 071 187.17	1 817 235 564.63	2 338 503 938 59	4 341 513 388.20
股东权益合计	9 798 246 801.80	11397 399 373.35	11 682 491 127.58	32 486 237 130.70	36 111 817 530.39

由表 2-8 可以看出，该公司在 2014—2018 年的 5 年里，所有者（股东）权益总额呈现出先平缓后快速的增长趋势。其中股本、未分配利润的增长较为缓慢，资本公积的增长较为快速。总体来说，公司的所有者权益在 2014—2018 年里得到了快速的增长。

2. 环比分析

ABC 公司所有者权益的环比趋势分析如表 2-9 所示。

表 2-9 ABC 公司所有者权益的环比趋势分析 单位:%

项目	(2015-2014)/2014	(2016-2015)/2015	(2017-2016)/2016	(2018-2017)/2017
股本	30.00	0.00	99.97	00.00
资本公积	0.21	0.03	334.17	4.69
盈余公积	39.15	15.77	21.47	33.59
未分配利润	33.44	3.60	31.44	81.77
股东权益合计	16.32	2.50	178.08	11.16

从对该公司 5 年里所有者权益的环比分析结果可以看出，所有者权益的增长基本呈现较为稳定的趋势，2017 年由于资本公积快速增长（定向增长），使得当年的所有者权益有较大的增加。

3. 定基分析

ABC公司所有者权益的定基趋势分析如表2-10所示。

表2-10　ABC公司所有者权益的定基趋势分析　　单位:%

项目	2014年(基期)	2015年	2016年	2017年	2018年
股本	100.00	130.00	130.00	259.96	259.96
资本公积	100.00	100.21	100.23	435.18	455.59
盈余公积	100.00	139.15	161.10	195.69	261.42
未分配利润	100.00	133.44	138.24	181.70	330.27
股东权益合计	100.00	116.32	119.23	331.55	368.55

在选择2014年为基期的定基比较中，可以看出，前3年的增长较为缓慢，2017年开始增长迅速，其中资本公积增加到435.18%。资本公积的快速增长是所有者权益增加的一个重要原因。2018年股利政策的改变使未分配利润增多，所有者权益相应增长。

第三节　损益表解释与分析

一、损益表的性质和作用

损益表是总括反映企业某一时期（月份、季度、年度）经营成果的会计报表，即主要提供企业收入、费用、利润及其相互关系的动态信息。它主要反映的是一个企业的经营业绩①，是企业对外提供信息的三张主要财务报表之一。它反映了企业一定时期损益形成的具体原因，对企业内部管理方面和外部投资者、债权人等使用者来说，具有十分重要的作用，具体表现为以下几个方面。

（一）损益表可以提供企业经营成果及盈利能力的信息

损益表通过对这一期间收益和成本费用情况的反映，可以使报表使用者了解企业本期间的经营成果及其形成的原因。另外，通过对企业经营成果的构成情况进行分析，可以了解企业的盈利能力和盈利是否稳定。企业的盈利能力直接影响着偿债能力，尤其是长期偿

① 吴其江．企业财务报告分析［M］．徐州：中国矿业大学出版社，2005.

债能力。因此，利用损益表，投资者和债权人可以相应地作出是否追加投资，是否继续持有投资，是否改变投资方向等重大决策。

（二）损益表可以提供企业资源的利用效率及管理方面的管理业绩的信息

损益表是反映企业生产经营管理情况的综合评价指标，概括了企业经营管理的整个过程。损益表集中反映了企业收益和成本费用的情况，通过收益和成本费用的对比，可以了解企业利用现有经济资源的效率，判断和考核企业管理方面的业绩，并揭露经营管理中存在的问题，找出原因，改善经营管理。

（三）损益表可以提供预测企业损益发展趋势的信息

构成损益表主要内容的营业利润、投资净收益和营业外收支净额等，是进行盈利能力分析的主要资料来源，不同的项目对企业盈利能力和稳定性的影响不同。通过分析若干期间营业利润、投资净收益和营业外收支净额的增减变化情况，可以预测出企业未来的损益变化趋势，为报表使用者提供决策信息。

二、损益表的结构与格式

（一）损益表的基本结构

损益表的基本结构是由表首、正表和补充资料三个部分构成。

表首部分包括损益表的名称、企业名称、编号、货币单位和时期等内容。由于损益表反映企业在一定时期的经营成果，属于动态报表，编报的时期以年度、季度或月份表示。

正表是损益表的主体部分，主要反映损益表要素各项目的内容。损益表包括收入、费用和利润三个要素，各要素按照一定的标准进行分类，并按照损益计算公式“收入－费用＝利润”的顺序加以排列，计算出所需要的企业损益信息。

损益表的补充资料部分的性质与资产负债表一样，主要揭示一些重要的在损益表正表中不便于或不能反映的资料。

（二）损益表的格式

根据提供信息的不同需要，按照“收入－费用＝利润”的结构原理，损益表的格式一般有单步式损益表和多步式损益表两种。

1. 单步式损益表

单步式损益表采用的是广义的收入和费用概念。它将本期发生的所有收入、收益汇集在一起，将所有的成本、费用、税金和损失汇集在一起，然后将前者减去后者得出本期利润。因为在这一计算过程中只有一个相减的步骤，所以称为单步式损益表。

单步式损益表所反映的基本上是未经加工的、按性质分类的原始资料。它的优点是简单明了，易于理解，能够反映企业的全部收入总额和费用总额，同时，对所有的收入和费用一视同仁，不分先后，同时计算净利润。不会像多步式损益表那样，有时会使人误以为收入和费用配比有先后顺序。但是，单步式损益表只是对企业的各种收入和费用做了简单的归类，不够详细具体，不能反映出企业利润形成的过程或原因，许多有意义的信息不能揭示出来，不便于报表使用者对企业的盈利能力进行分析对比。

2. 多步式损益表

多步式损益表又称分步式损益表，它是将损益表中收入和费用按其经济性质分类和配比，一步步计算企业的利润，最后计算出企业本期净利润的一种多步式格式。我国会计制度规定编制损益表采用多步式格式。多步式损益表中净利润的计算分为4步进行。

（1）从产品销售收入中减去产品销售成本、产品销售费用和产品销售税金及附加，得出产品销售利润。

（2）从产品销售利润出发，加上其他业务利润，减去管理费用和财务费用，得出营业利润。

（3）从营业利润出发，加上投资收益和营业外收入，减去营业外支出，再加上以前年度损益调整，得出利润总额。

（4）从利润总额中减去所得税，得出净利润。

上述每个项目都包括两栏数字，“本月数”栏反映本月发生额，“本年累计数”栏反映年初至本月末累计的发生额。

多步式损益表反映的是经过归类整理后的数据，列示了多个利润指标，分步反映企业净利润的形成过程。利用多步式损益表，既可以判断企业营业性收益与非营业性收益对实现利润的影响，又可以判断主营业务收益与其他业务收益对实际利润的影响，从而弥补了单步式损益表的缺陷，能够提供更翔实的信息，有助于不同行业间会计报表的比较，但多步式损益表比较难理解。

由于不同行业有不同的经营特点，损益表中各项目及其所反映的经济内容不尽相同，但各个行业损益表的基本结构是相同的。

三、损益表各项目的经济含义及其分析

损益表反映了企业的收入、费用、利润三个要素。

（一）主营业务收入

主营业务收入是指企业在一定期间因对外销售商品、产品，提供劳务或从事其他活动而取得的收入。

阅读和分析主营业务收入项目时，应关注以下几个方面。

（1）在销售业务中，有时由于产品质量不合格，或者发出商品的规格不符等原因，会发生退货，即销售退回；有时因为产品质量不合格、破损、规格不符等原因，客户不退货，但要求在商品价格上给予适当的折减让步，即销售折让。这些事项的发生，都会减少企业的营业收入。因此，主营业务收入项目反映的是扣减销售退回、销售折让与折扣后的销售净额。此外，由于增值税是价外税，为此，主营业务收入是不含增值税的收入。

（2）主营业务收入的确认时间应以权责发生制为依据，当商品已售出或劳务已经提供，同时收讫价款；或虽未收讫价款，但已取得收取款项的法定权利时，企业即可确认收入的实现。因此，实现了收入和利润，不一定有相应的现金流入。

（3）收入的主要来源和来源的持续性。了解主营业务收入主要来自哪些产品、哪些地区、哪些行业、哪些部门等，了解各分部的收入以及收入的增长情况。

（4）收入、应收账款和存货的关系。

（二）主营业务成本

主营业务成本与主营业务收入相对应，是指企业销售商品、产品，提供劳务或从事其他活动而发生的实际成本。

阅读和分析该项目时，应关注成本的构成以及单位成本的高低，关注企业内部和外部成本的不同。

（三）毛利

毛利是指主营业务收入和主营业务成本的差额，它经常以百分比的形式报告和描述，即毛利率。毛利或毛利率是一个重要的业绩计量指标。

阅读和分析该项目时，应关注各种产品的毛利率，关注不同时期毛利率的变化情况，

关注毛利变化的主要原因。毛利的变化原因主要有销售量、销售价格、单位成本和销售品种结构。

（四）主营业务税金及附加

主营业务税金及附加是指企业销售产品、提供劳务等主要经营业务应负担的消费税、营业税、城市维护建设税、资源税和教育费附加等，未包括增值税。主营业务税金及附加在报告期末，全部列入当期损益。

阅读与分析该项目时，应关注不同时期税金与收入的比例关系。

（五）主营业务利润

主营业务利润是指毛利与主营业务税金的差额，应关注不同时期的主营业务利润与收入的比例关系，借以判断盈利水平的变化情况。

（六）其他业务利润

其他业务收入是指企业主营业务销售以外的其他销售或其他业务的收入，如材料销售、技术转让、固定资产出租、包装物出租、运输业务等非工业性劳务收入。

其他业务支出是指企业主营业务销售以外的其他销售或其他业务所发生的各种支出，包括销售成本、提供劳务而发生的相关成本、费用，以及营业税金及附加等。

其他业务收入减去其他业务支出的差额即为其他业务利润或损失，在损益表上反映在其他业务利润项目中。

（七）期间费用

营业费用、管理费用、财务费用统称期间费用，报告期末均要全部列入当期损益。

营业费用是指企业在销售及推销过程中发生的，应由企业负担的费用。营业费用一般包括：应由企业负担的运输费、装卸费、包装费、保险费、销售佣金、委托代销手续费、广告费、租赁费和销售服务费等，以及为销售本企业产品而专设销售机构的人员工资、差旅费、办公费、折旧费、修理费、物料消耗、低值易耗品摊销和其他经费等。营业费用是一项期间费用，在报告期末全部列入当期损益。

管理费用是指企业行政管理部门为组织和管理生产经营活动而发生的一般管理费用和应直接计入当期损益的其他生产经营费用。管理费用一般包括：行政管理部门人员的工资和福利费、差旅费、折旧费、办公费、工会经费、业务招待费、房产税、车船使用税、土地使用税、印花税、技术转让费、无形资产摊销、职工教育经费、劳动保险费、待业保险费、研究开发费、审计费、顾问费、诉讼费、坏账损失等。

财务费用是指企业为进行资金的筹集和运用等理财活动而发生的费用，包括利息支出（减利息收入）、汇兑损失（减汇兑收益）和金融机构手续费等。

阅读和分析期间费用项目时，应关注以下方面。

（1）不同时期费用的增减情况和变化较大的那些费用对企业利润的影响。

（2）营业费用与收入之间的关系，如广告费、促销费与收入的关系。了解费用的增加是否带来收入的增加。

（3）期间费用大多属于固定费用，因此，它们和销售并不成比例关系。

（4）企业的重点费用是哪些，这些费用和企业的经营业务活动有什么样的联系。

（八）营业利润

营业利润是企业在一定期间内获得的利润中最主要、最稳定的来源，它预示着企业盈利能力的高低和稳定程度。

阅读和分析营业利润项目时，应关注以下方面。

（1）这部分利润额在利润总额中所占比重的大小和前后各期的变动趋势。

（2）影响营业利润高低的因素有销售规模、单位成本、品种结构期间费用、销售价格、其他业务利润、税金及附加等。

（九）投资收益

投资收益是指企业以各种方式对外投资所取得的收益，包括分得的投资利润、按照权益法核算的股权投资在被投资单位增加的净资产中所拥有的数额，即权益法下确认的投资收益、债券投资的利息收入、认购的股票应得的现金股利以及收回投资时发生的收益等。损益表上投资收益项目反映的是投资收益的净额，即投资收益抵减投资损失后的净额。

阅读和分析投资收益项目时，应关注以下方面。

（1）不同方式的对外投资所取得的收益大小。

（2）投资收益在利润总额中所占比重的大小和前后各期的变动趋势。

（3）发生投资损失的多少，发生投资损失的项目及其原因。

（十）营业外收入与营业外支出

营业外收入是指企业发生的与生产经营无直接关系的各项收入，包括固定资产盘盈、处理固定资产净收益、罚款收入、确实无法支付而应转作营业外收入的应付款项、教育费附加返还款等。

营业外支出是指企业发生的与企业生产经营无直接关系的各项支出，包括固定资产盘亏、处理固定资产净损失、罚款支出、赔偿金、违约金、捐赠支出、非常损失、非正常停工损失等。

（十一）所得税

所得税是指反映企业在会计期间内发生的应当由当期利润负担的所得税税额，它不一定会等于利润总额乘以所得税税率，而是利润总额加减税法规定需要调整的某些项目后，再乘以所得税税率。因此，税法中规定的所得税税率（即名义所得税税率）和企业实际的所得税税率不一定相等。

（十二）净利润

净利润是指税后利润，净利润的数额等于利润总额减去所得税后的余额。阅读该项目时应关注净利润和经营活动现金净流量的关系，有净利润不一定有相应的现金净流量。

第四节　现金流量表解释与分析

一、现金流量表相关概念的含义

现金流量表是反映企业在一定会计期间现金和现金等价物流入和流出相关信息的报表，能够全面反映出企业在会计期间与经营、投资、筹资有关的各类经济活动对于现金及其相关等价物的影响，此类信息可解决资产负债表与利润表所提供信息不足的问题。

（一）现金

此处的现金可分为两部分，即企业库存现金以及可用于支付的银行存款，对应于资产负债表中，它指的是“货币基金”项目中可随时支取的部分，由于被指定了特殊用途而不能随意支取的部分不应包括在内，如其他货币资金中的银行承兑汇票开票保证金、借款质押保证金、金融机构存放于中央银行款项中的法定存款准备金以及由于受当地外汇管制或其他立法的限制而无法正常使用的外币，等等。

（二）现金等价物

现金等价物是指企业持有的期限短、流动性强、易于转换为已知金额的现金或者是价值变动风险很小的投资。关于期限短这一特性，通常指的是自购买日起往后的三个月期限，如可在证券市场上流通的三个月内到期的债券投资（如国库券）等。现金等价物并不是传统意义上的现金，但它却具有灵活可变性，且具备与现金等同的支付能力，因此可视同现金。权益性投资变现的金额通常不确定，因而不属于现金等价物。

（三）现金流量

现金流量是某一段时期内企业现金和现金等价物流入和流出的数量，如销售商品、提供劳务、收回投资所收到的现金，吸收投资所收到的现金等，是企业的现金流入；购买商品、接受劳务支付的现金，支付的各项税费，购建固定资产、无形资产和其他长期资产支付的现金等，是企业的现金流出。基于现金流量信息能够有效呈现出企业经营程度、资金状况等多方面信息，能够为投资者与债权人提供判断依据，所以也是企业管理者制定发展策略的重要依据。

需要明确的是，企业货币资金不同形态之间的转换不会产生现金的流入和流出，如企业从银行提取现金，这一过程可被视为企业现金存放形式的转换，但并非真正层面上的流出企业，故不属于现金流量；同理，现金及其等价物之间也会作出相应转换，这也不属于现金流量，比如企业用现金购买三个月内到期的国库券等。

二、现金流量表的作用

从编制原理看，现金流量表是建立在收付实现制度原则的基础上，依托存在于权责发生制体系内的盈利信息，将其调整为收付实现制度下的现金流量信息，为信息使用者掌握企业利润的实际状况，评价企业的支付能力和偿债能力，预测企业未来现金流量提供了非常重要的依据。总体来说，现金流量表的作用可归结为以下几个方面。

（一）揭示企业现金流量产生的原因

现金流量表以现金的流入和流出反映企业在一定期间内的经营活动、投资活动和筹资活动的动态情况，反映企业现金流入和流出的全貌。故此，通过现金流量表可以阐明企业在一定期间内现金流量的形成原因，即现金的流入以及流出的去向。基于此活动，可以有利于分析企业经营、投资与筹资活动的有效性。

（二）反映企业的偿债能力和支付能力

从理论上说，关于企业流动性、偿债能力和支付（股利）能力的信息也可以从资产负债表所反映的财务状况和利润表所提供的净收益信息来反映，但都没有现金流量表表达得直接和有效。例如，资产负债表中对流动以及非流动资产的分类，会对企业的流动性分析有很大的局限性。比如，一些资产项目并不会形成未来的现金流入和流出，部分存货无法在短时间内顺利转化为现金等。因此，资产负债表报告的财务状况只能粗略地反映流动性；此外，在权责发生制体系下的净收益涵盖大量的非现金项目，它无法准确呈现出企业未来的现金流量，对预测企业的偿债能力和支付能力的作用也是有限的。若要准确评估企业的偿债与支付能力，更为可行的则是对现金流量进行分析。借助于现金流量表，能够预知企业是否有足够的现金偿还到期债务、支付股利和进行必要的固定资产投资。简言之，现金流量表已经成为投资者与债权人的关键性决策依据，其存在具有必然意义。

（三）评价和预测企业未来获取现金的能力

评价过去是为了预测未来。基于现金流量表，能够有效呈现出企业在过去一定期间内的现金流量以及各项指标情况，可以了解企业现金的来源和用途是否合理，了解经营活动产生的现金流量状况、企业依赖外部资金的程度，就可以预测企业未来的现金流量，从而为企业编制现金流量计划、组织现金调度、合理节约地使用现金创造条件。此外，投资者和债权人也可以借助于现金预测评价企业未来的现金流量，以便更好地作出投资和信贷决策。

（四）评价企业收益质量

利润表中列示的净利润指标，它是判别企业经营状况的重要依据，同时也是反映企业经营业绩最为关键的指标。但是，利润表的形成建立在权责发生制基础之上，无法精准地反映企业经营活动所创造的现金能力。通过编制现金流量表，清晰呈现出了经营活动所产生的现金，将其与净利润展开对比分析，能够从现金流量层面展开对净利润质量的分析。

三、现金流量表的分类

我国企业现金流量表采用报告式结构，分类反映经营活动产生的现金流量，投资活动产生的现金流量和筹资活动产生的现金流量，最后汇总反映企业某一期间现金及现金等价物的净增加额。通过“现金流入-现金流出=现金净流量”的关系式，分段揭示出企业经营、投资与筹资活动中现金流入量、现金流出量以及净流量等信息。

（一）经营活动产生的现金流量

经营活动是指企业投资活动和筹资活动以外的所有交易和事项，主要包括销售商品、提供劳务、购买商品、接受劳务、收到的返还税费、支付工资、支付广告费、缴纳各项税费等。一般来说，经营活动产生的现金流入项目主要有：销售商品、提供劳务收到的现金，收到的税费返还，收到的其他与经营活动有关的现金；经营活动产生的现金流出项目主要有：购买商品、接受劳务支付的现金，支付给职工以及为职工支付的现金，支付的各项税费，支付的其他与经营活动有关的现金。

经营活动产生的现金流量是企业通过运用所拥有的资产自身创造的现金流量，主要是与企业净利润有关的现金流量。但企业一定期间内实现的利润并不一定都构成经营活动产生的现金流量，比如处置固定资产的净收益或者净损失虽然构成净利润的一部分，但它不属于经营活动产生的现金流量，也不是实际发生的现金流入和现金流出量。

各类企业由于行业特点不同，对经营活动的认定存在一定差异，在编制现金流量表时，应根据企业的实际情况，对现金流量进行合理的归类。

（二）投资活动产生的现金流量

投资活动是指企业长期资产的购建和不包括在现金等价物范围内的投资及其处置活动。其中，长期资产是指固定资产、无形资产、在建工程、其他资产等持有期限在一年或一个营业周期以上的资产。需要注意的是，这里所讲的投资活动，既包括实物资产投资，也包括金融资产投资。之所以将“包括在现金等价物范围内的投资”排除在外，是因为已经将包括在现金等价物范围内的投资视同现金。

一般来说，投资活动产生的现金流入项目主要有：收回投资所收到的现金，取得投资收益所收到的现金，处置固定资产、无形资产和其他长期资产所收回的现金净额，收到的其他与投资活动有关的现金；投资活动产生的现金流出项目主要有：购建固定资产、无形资产和其他长期资产所支付的现金，投资所支付的现金，支付的其他与投资活动有关的现金。

通过现金流量表中投资活动产生的现金流量，可以分析通过投资获取现金流量的能力，以及投资产生的现金流量对企业现金流量净额的影响程度。

（三）筹资活动产生的现金流量

筹资活动是指导致企业资本及债务规模和构成发生变化的活动。筹资活动包括发行股票或者接受投入资本、分派现金股利、取得和偿还公司债务等。应付账款、应付票据等商业应付款等属于经营活动，不属于筹资活动。

一般来说，筹资活动产生的现金流入项目主要有：吸收投资所收到的现金，取得借款所收到的现金，收到的其他与筹资活动有关的现金；筹资活动产生的现金流出项目主要有：偿还债务所支付的现金，分配股利、利润或偿付利息所支付的现金，支付的其他与筹资活动有关的现金。

通过现金流量表中筹资活动产生的现金流量，可以分析企业的筹资能力，以及筹资产生的现金流量对企业现金流量净额的影响程度。

四、现金流量表的一般分析

现金流量表对于企业经营活动收益的反映是以收付实现制为基础的，相对于以权责发生制为基础的利润表来说，可以提供更加准确的企业财务信息。现金流量表的一般分析包括对现金流量的基本评价、现金流量的结构分析和现金流量的趋势分析三个方面。

（一）现金流量的基本评价

1. 评价企业三类活动的现金流量

经营活动产生的现金流量是企业全部现金流量中最重要的组成部分，它反映了企业通过自身的经营活动创造现金的能力。当企业净利润大于零，且经营活动产生现金净流入时，不仅表明该企业具有获利能力，能保证正常运转所需要的资金，而且还能将多余的现金直接用于投资或偿还债务。反之，则说明企业利润的含金量低，获现能力弱，企业若要维持正常经营，只能要么减少投资，要么向外融资。

对投资活动现金流量的分析应侧重于金融资产投资，长期股权投资，固定资产、无形资产和其他长期资产等交易而产生的现金流入与流出。投资活动净减少也有可能是企业正处于成长期，要建造营业用房或需要添置设备所致。此时，如果经营活动现金流量为正数，则可弥补因投资需要产生的现金不足，否则企业必须向外融资。投资活动现金流量的净增加不见得对企业是有利的事。

对筹资活动现金流量的分析应侧重于发行股票、债券、长期借款产生的现金流入和偿还债务本金与利息、分配股利与利润产生的现金流出。要注意的是有的企业为保持良好的股利记录，用募股流入的现金作为股利分配给股东，使筹资活动产生现金流入的同时又产生相应的流出。筹资活动现金净增加或减少，在某种程度上可以反映企业的筹资能力。

由于在会计实务中存在着多种原因使经营活动、投资活动、筹资活动的现金流量增加或减少，因此报表分析者应该针对不同的情况做具体的分析，但分析重点无疑是在经营活动的现金流量上。这是因为企业取得现金尽管可以通过收回投资（投资活动）或发行债券或股本（筹资活动）等方式来实现，但债务本金的偿还、利息与股利的支付等，最终还是取决于经营活动净现金流入。如果经营活动的净现金流入占总现金流入的比率越高，说明企业的财务基础越稳定，获利能力与对外筹资能力就越强。

2. 不同时期企业现金流量的变化规律

某企业全部现金流量净减少 100 万元，是否意味着其偿债能力很差？反之，净增加 100 万元，是否应认为其获利能力与偿债能力好呢？这就需要做具体分析。

对一家成长型的、极具发展潜力的企业来说，为培育新的利润增长点，扩大投资规模，需要耗用资金，现金净流量很可能是负数。对一个经营连续亏损、已纳入清算或停业计划的企业来说，通过变卖资产很可能使现金流量表描述的现金流量是净增加的。报表使用者在分析现金流量表时应该结合企业的行业特点、发展前景、市场份额等综合因素，并联系资产负债表和利润表相关项目的增减变动，来分析企业投资活动与筹资活动对现金流量的影响。一般来说，在不同时期企业的现金流量变化是有一定规律可循的，如表 2-11 所示。

表 2-11　不同时期企业现金流量变化的规律

项目	初创与成长期	成熟期	衰退期
经营活动现金净流量	<0	>0	<0
投资活动现金净流量	<0	<0 或>0	>0
筹资活动现金净流量	>0	<0 或>0	<0
现金净流量合计	>0	>0	<0
净利润	<0 或>0	>0	<0

由表 2-11 可知，在通常情况下，我们可以看到。

（1）在企业的初创与成长期，经营活动现金净流量和投资活动现金净流量会出现负值，这是因为企业的投资支出较多，且产能还没有完全达到规模经营的水平所致。但由于此阶段企业有较多筹资行为使得其筹资活动现金净流量会为正值，企业处于亏损或微利状态。

（2）当企业进入成熟期时，经营活动现金净流量多为正值，投资活动和筹资活动现金净流量因企业具体情况不同而会出现不同变化，此时企业处于盈利状态。

一般情况下，正常企业在经营活动中取得的现金流入足以用于经营活动中所需的现金支出，并有一定的现金净流入量可用于偿还债务或进行投资。当企业扩张或改变经营战略而需要长期投资时，一般需要筹集长期资金，包括发行股票或筹集长期借款，如果长期投资有效，就会在将来产生现金流入，不会有较大偿债压力，全部现金净流量也会为正值。

（3）当企业进入衰退期时，因企业产品失去竞争力致使销售收入不断减少，经营活动现金净流量出现负值，同时企业的融资能力也受到严重制约，无法获得外部信用，结果筹资活动现金净流量也出现负值，而投资活动现金净流量因企业变卖资产会出现正值，但总的现金净流量仍为负值，此时企业的盈利能力已经极弱甚至完全丧失。

3. 三类活动现金净流量综合分析

综合企业三类活动现金净流量状况，并结合企业发展的不同阶段、企业经营战略和外部市场环境，我们可以整理出如表 2-12 所示的综合分析框架，进而对企业当前和未来发展趋势进行分析和预测，以便准确揭示企业的财务质量，识别企业面临的经营风险。

表 2-12　企业三类活动现金净流量综合分析

项目	经营活动现金净流量	投资活动现金净流量	筹资活动现金净流量	分析结论
1	+	+	+	企业经营效果良好，投资活动已见成效，资金流量充裕，盈利能力、偿债能力强，但资金利用效率需要关注
2	+	+	−	企业经营投资都很见效，正处于还款期，短期内资金需求不会太大，现金流量正常
3	+	−	+	企业经营基本良好，正在加大投资力度，因而筹资力度也在增加，需要考察其投资方向及项目的可行性

续表

项目	经营活动现金净流量	投资活动现金净流量	筹资活动现金净流量	分析结论
4	+	−	−	企业经营活动正常，但投资入不敷出，后续资金乏力，筹资能力低，对经营活动依赖大
5	−	+	+	企业经营活动存在问题，靠借债维持正常生产，应该重点关注投资活动资金来源，是来自投资收入还是收回投资，如果是后者，形势不太乐观
6	−	+	−	企业经营欠佳，分析投资现金来源，如是收回投资则很危险；如是投资性收入，则风险不是太高，但应有新的经营规划，否则前景堪忧
7	−	−	+	企业经营和投资均不理想，靠借债维持日常经营和生产规模的扩大，如是初创期或是产业转型，一旦渡过难关，尚可发展。如是稳定期企业，危险加大
8	−	−	−	现金流量极差，财务出现危机，信用风险极高。如果企业不及时扭转形势，企业将陷入困境

4. 经营活动现金流量与净利润综合分析

利用现金流量表和利润表中有关经营活动现金净流量和净利润项目，我们还可以对企业经营与风险状况进行综合分析，如表 2-13 所示。

表 2-13 企业经营活动现金流量与净利润综合分析

项目	经营活动现金净流量	净利润	分析结论
1	+	+	企业运营正常，自身能够产生经营现金净流入量，企业实现长期发展所需的资金能够得到保障
2	+	−	企业虽然亏损，但仍有经营现金净流入量，能够确保生产销售的正常进行，应重点提高产品的盈利能力，如降低成本，提高产品价格，增加销量，实现扭亏为盈
3	−	+	企业经营现金净流量为负，虽盈利但收益质量不佳，需要外部融资来补充自身的现金不足。企业应加强内部管理，合理利用商业信用，提高盈利获现能力
4	−	−	企业持续亏损，经营恶化，缺乏造血机能，现金不足，将面临破产清算的危险

（二）现金流量的结构分析

现金流量的结构分析是指报表使用者为了达到分析企业经营状况和预测企业未来经营现金流量的目的，选择现金流量表中特定项目作为主体，以分析总体构成的一种分析方法。现金流量的结构分析可以分为现金流入结构分析、现金支出结构分析及现金净额结构分析。

1. 现金流入结构分析

现金流入结构是反映企业的各项业务活动现金流入，即经营活动的现金流入、投资活动的现金流入和筹资活动的现金流入等在全部现金流入中的比重及各项业务活动现金流入中具体项目的构成情况，用于明确企业的现金究竟来自何方，以及要增加现金流入主要应在哪些方面采取措施，等等。一般来说，经营活动现金流入占现金总流入量比重较大的企业，经营状况较好，财务风险较低，现金流入结构较为合理。

2. 现金支出结构分析

现金支出结构是指企业的各项现金支出占企业当期全部现金支出的百分比，它具体地反映企业的现金用于哪些业务活动。一般来说，在企业的正常经营活动中，经营活动的现金流出具有一定的稳定性，各期变化差异不是很大，但投资活动和筹资活动现金流出的稳定性较差，甚至带有偶然性，需要具体情况具体分析。

3. 现金净额结构分析

现金净额结构是指经营活动、投资活动和筹资活动及汇率变动影响的现金收支净额占全部现金净流量的百分比，它反映企业的现金净流量是如何形成与分布的，可以说明企业现金收支是否平衡及其原因。

（三）现金流量的趋势分析

现金流量趋势分析是根据连续数期的现金流量表，动态比较各期有关项目的金额，以揭示现金流量变化趋势的一种分析方法。趋势分析通常是采用编制历年财务报表的方法，即将连续多年的报表并列在一起加以分析，以观察变化趋势。观察连续数期的会计报表，比单看一个报告期的财务报表，能了解到更多的信息和情况，并有利于分析变化的趋势。

现金流量的趋势分析常用的方法有以下几种。

1. 同一项目的增减额比较分析

这种分析方法是通过对现金流量表中相同项目绝对金额的比较、计算，以揭示差异的一种分析方法。其计算公式为：

项目增减额 = 后期数值 − 前期数值

2. 同一项目的趋势百分比分析

这种分析方法又分为定基趋势百分比和环比趋势百分比两种。

（1）定基趋势百分比。定基趋势百分比是指在连续几期的财务数据中，以某一期的数据作为固定基数，其他各期与之进行比较后，再分别计算各期数值对固定基期的变动情况，以判别各期相对于基期的变化趋势。其计算公式为：

定基趋势百分比 = 分析期数值 ÷ 固定基期数值

定基趋势增减百分比 = 分析期与基期数值增减额 ÷ 固定基期数值

（2）环比趋势百分比。环比趋势百分比是指在连续几期的会计数据中，每一期与上一期比较，分别计算各期的变动情况，计算趋势百分比，以观察每期的增减变动情况并判断发展趋势。其计算公式为：

环比趋势百分比 = 分析期数值 ÷ 上期数值

环比趋势增减百分比 = 分析期与上期数值增减额 ÷ 上期数值

在进行趋势分析时，应注意选择合适的基期和分析期，计算口径应保持一致。在分析中，如果发现出现异常数值变动，应重点关注。事实上，这是财务分析中“分析性复核”思想的重要体现。

第五节 财务报表附注的分析

一、有关会计政策、会计估计变更和会计差错更正的阅读分析

根据会计报表附注的披露要求，会计报表附注中应披露会计政策、会计估计的选择及变更的内容和理由，会计估计变更的影响数，以及会计估计变更的影响数不能确定的理由。通过其可以了解该公司会计政策、会计估计变更的原因及倾向性。

（一）会计政策变更的几个主要方面

（1）通过会计报表附注中对企业折旧方法的说明，可以了解企业固定资产折旧方法的变更情况，从而进一步分析其对企业利润、所得税的影响。假定某企业固定资产折旧由平均折旧法改为快速折旧法，将会影响企业的近期利润，使企业的近期利润下降，减少所得税。

（2）通过会计报表附注中对企业计价方法的说明，可以了解企业存货计价方法的变更情况，从而进一步分析其对企业利润、所得税的影响。存货计价方法很多，采用不同的计价方法对上市公司经营业绩会产生极大的影响。通过改变存货的计价方法来达到操纵利润目的的情况，在上市公司中比较常见。假定当物价降低时企业将存货的计价方法由先进先出法改为后进先出法，将会影响企业的近期利润，使近期利润下降，减少所得税。企业可以隐藏利润，待以后年度业绩不好时再将利润转出调节利润。

（3）通过会计报表附注中对企业坏账准备的计提方法的说明，可以了解企业坏账准备的变更情况，从而进一步分析其对企业利润、所得税的影响。企业对坏账的确认及计提比例有很大的随意性，通过改变坏账计提方法可以达到虚增或虚减利润的目的。

（4）通过会计报表附注中对企业长期股权投资核算方法的说明，可以了解企业关联方的变化，从而进一步分析企业利润的构成。《企业会计准则》对长期投资的核算方法虽然作出了明确的规定，但股权投资的变更使一些上市公司的长期投资核算方法在权益法和成本法之间轮回变换，合并会计报表的范围处于不连续状态，由此引发投资收益和合并会计报表的财务状况和经营成果将大大改变。

（5）通过会计报表附注中对资产减值准备提取政策的说明，可以了解企业资产减值准

备的计提及冲销情况。通过与以前年度财务报告对比，可以观察企业是否反复提取和冲销资产减值准备以调节利润。

（6）通过会计报表附注中对企业会计政策的选择与应用的说明，可以揭示企业对会计核算的一般性原则的运用情况，从而表明企业经营是否稳健。

（二）会计估计变更的影响

会计估计变更是因为赖以进行估计的基础发生变化，或者取得了新的信息，积累了更多的经验。会计估计变更无疑将会对企业的财务状况产生极大的影响。会计估计变更是最容易用来粉饰会计报表的，投资者一定要认真阅读会计师事务所出具的审计意见，对拒绝出具意见、出示否定意见、持保留意见的会计报表一定要冷静对待，对会计报表附注一定要认真阅读，以防范和化解风险。

（三）重大会计差错的影响

财务报告使用者应特别关注重大会计差错事项背后隐藏的某些问题，以及企业在更正重大会计差错时由于各种原因造成更正数字时又发生计算错误，给财务报告使用者造成假象，误以为经其更正以后的数字就是准确的，对财务报告使用者产生误导。

在本期发现与前期相关的重大会计差错时，如影响损益，应根据其对损益的影响数调整差错发现当期的期初留存收益，会计报表其他相关项目的期初数也应一并调整；如不影响损益，应调整会计报表相关项目的期初数。此类情况应使用“以前年度损益调整”科目。调整以前年度损益利润或亏损的数额时，易造成这些利润或亏损不明不白地消失在“利润分配—未分配利润”账户中，由此造成不能正确地考核评价企业的盈利水平和获利能力。部分企业为达到操纵本期利润的目的，把原应在本期反映的收入或成本、费用故意不反映，而留至下期在“以前年度损益调整”中反映，作为下期的损益。这样，就可以按照其意愿操纵本期利润的数额。因此，应关注企业重大会计差错的具体内容和金额，分析其金额对企业当期利润的影响，对企业的经营业绩有一个客观的评价。

对会计政策、会计估计变更和会计差错更正的阅读分析，可以帮助财务报告阅读者清晰地了解企业各项资产、负债的来龙去脉，以便更好地了解企业的财务状况、经营成果和现金流量。

二、有关关联方及关联方交易的阅读与分析

（一）关注关联方的增减变化

附注中披露的有关企业与关联方关系的信息，涉及有关企业与关联方的控股关系、互相持股比例等信息，明确反映出公司与关联企业的现存状况。投资者可以通过分年度比较分析同一项目，对公司的前景作出明确的判断。如公司新近绝对控股某关联企业，而该家关联企业主营业务与该公司主营业务差别很大，投资者可以以此判断出上市公司主营业务可能将要发生战略性转变。

（二）关注关联方交易披露的充分性

在分析披露关联交易时，主要依赖于其充分性的表述。对于公司删繁就简、有意回避、点到为止、模糊不清的陈述，还要结合其他渠道披露的信息综合分析。应重点关注关联方交易的价格对其损益的影响，关联方的债权、债务的真实性，其在同类债券、债务中所占的比例，与关联交易的公平合理性，其占销售收入比例等方面。尤应注意的是，不涉及现金收入的大比例关联交易往往是为了粉饰公司的财务报告，极有可能误导投资者。

（三）关注关联方交易的性质与金额

如果高额的关联交易是构成公司利润的主要组成部分，投资者应进一步根据会计报表附注所提示的信息，特别关注关联交易发生的时间、目的及其定价策略等内容。必要时，可以运用关联交易剔除法来分析上市公司自身获取利润能力的强弱，从而判断其利润来源是否稳定，未来的成长性是否可靠，以确定其财务报告的可信赖程度。观察进销货交易条件（如价格与收付款期间）、财产交易价格是否偏高或偏低；是否存在短期内买进又卖出同一资产，或卖出又买进的情形，以分析公司利润是否真实，是否隐藏危机。

关联方关系及其交易往往是上市公司粉饰会计报表的重要手段之一。上市公司与其控股股东和其他关联方之间存在着利益关系，他们可以通过关联购销、控制交易价格、出售资产给关联方、相互之间承担债务或费用、相互之间委托及受托经营、相互占用资金等方式和渠道进行有失公允的关联交易，其中不乏“挂羊头卖狗肉”的情况。那么，上市公司就可以利用关联方交易虚增利润少交所得税，以骗取投资者和债权人的信心，或避免被ST 掉。比如，上市公司把资产高于市价出售给无关联的第三方，然后再以其子公司的名

义从上述第三方购回资产。这样当期收益增加，用于加大利润。

三、有关或有事项的阅读与分析

或有事项是指企业过去的交易或事项存在的一种状况，是资产负债表日的一种客观存在，其结果须由未来事件的发生或不发生予以证实，包括或有资产和或有负债。或有资产不是企业的真正资产，或有负债也不是企业的真正负债。依据谨慎性原则，对于或有资产，一般不予确认，但很有可能发生时才在会计报表附注中加以披露；而对于或有负债，只要有可能发生则均应在会计报表附注中进行披露。然而，对这种“可能性”大小的判断具有很大的人为操作的嫌疑，不是很可能实现的资产，也可能被管理当局披露成胜券在握；但很可能发生的或有负债，由于企业从自身利益出发，也可能被判断为不可能发生，甚至不加以披露。

在附注中披露有关未决诉讼、仲裁等或有负债，投资者能够从中分析出该项或有负债的最终结果，一是胜诉，二是败诉。但最终会出现哪种结果，取决于某些因素的变化，这是投资者很难控制或预见的，只能依据促成这一层次附注信息形式的各种因素进行综合判断。这些风险如果不充分披露，或计入资产负债表、利润表，会对投资者产生严重的误导。

第三章 企业财务报告改进研究

财务报告是企业会计核算的最终结果，通过财务报告，企业定期向有关方面提供财务信息，其中定期编制具有一定格式的财务报表，包括资产负债表、损益表、财务状况变动表（或现金流量表）及其附表是财务报告的主要内容。通过这些财务报表，有关方面可以从不同侧面了解企业的财务状况和经营成果，为经营决策提供参照依据。财务报表附注和财务情况说明书，则是在财务报表提供资料的基础上，对报表所含经济内容、企业重大的经济事项及会计政策变更等进行解释、分析和说明，帮助报表阅读者更好地理解企业的财务状况及其发展趋势，其特点是既无固定格式，亦无固定内容，完全根据企业的具体情况进行分析和说明。①

随着经济形势的发展变化及财务信息使用者需求的改变，原有的企业财务报告由于受传统会计分期假设及计量属性等方面的限制，已经难以充分满足信息使用者的要求。因此，在传统财务报告体系下，对财务报告作出一定的改进，以提高财务报告的信息质量，满足财务报告使用者的信息需求不仅是必要的，也是值得探讨的一个课题。

第一节 财务报告的相关理论

一、财务报告的理论基础

财务报告作为企业对外信息披露的主要手段，在加强企业与外部信息沟通、发展资本市场、促进资源的有效配置等方面发挥着重要的作用。近年来，现代企业理论、信息经济

① 韩殿文，刘淑莲. 企业财务报告指南［M］. 大连：大连理工大学出版社，1997.

学等经济学理论的发展，为进一步理解财务报告提供了新的理论基础。

（一）契约论与信息不对称理论

从传统观点来看，企业向来被视作生产单位，其功能就是组织生产，其并不关心企业内部的组织结构和相关的规章制度。在 20 世纪 60 年代发展起来的契约经济学开始对这种观点提出挑战。契约理论认为，企业是一系列契约的结合体，其本身并不是一个独立的实体，公司的契约形式是契约各方在局限条件下争取效用最大化或者交易成本最小化的一种结果。就像产品价格主要的决定因素是产品成本一样，公司组织形式是由公司契约的交易成本所决定的。1937 年，罗纳德·科斯（Ronald H. Coase）在其著名论文《企业的性质》中，首次引入“交易费用”的概念，解释了企业产生的原因及边界。他指出，使用价格机制是需要付出代价的，包括当事人投入的时间和精力，支付的信息费用和其他一切开支。这种代价就称为“交易费用”，市场和企业是资源配置的两种可以相互替换的手段。在市场上，资源配置由非人性化的价格来调节，而在企业内，相同的工作则是通过权威关系来完成。企业内部的权威关系主要通过契约来确定和维系，契约成本在其中起着决定性的作用。随着对科斯的企业理论的完善，越来越多的经济学家认为企业的实质是“一系列契约的联结”，这被称为企业的契约论。罗切斯特大学的罗斯·L. 瓦茨（Ross L. Watts）和杰罗尔德·L. 齐默尔曼（Jerold L. Zimmerman）（1986）在《实证会计理论》一书中对该领域的相关理论和文献进行了总结，根据瓦茨和齐默尔曼的总结，该理论假定任何与公司相关的契约签订和执行过程以及政府对企业行为的管制过程都会发生交易成本或信息成本，而财务报告则会影响上述两种契约过程中的交易成本，从而影响公司的现金流量。因此，公司对会计政策的选择在条件上依赖于这些会计政策对上述交易的影响程度，从而影响其在财务报告中的列示和披露。

作为财务学领域中被引用最为频繁的文献之一，杰森（Jensen）和迈克林（Meckling）（1976）从理论上对财务报告的契约理论进行了阐释。其分析认为，首先从企业家拥有全部企业资源并自己经营企业的情况出发，企业家的懈怠行为在边际上取决于这些行为能够为企业家带来的非货币性效用和由于懈怠而导致的全部企业价值下降对其货币性效用的损失。但是，当企业家将一部分股份出售以后，假定没有任何的监督和激励措施，企业家的懈怠行为在边际上就会取决于这些懈怠行为能够为企业家带来的非货币性效用和由于懈怠而导致的部分企业价值下降对其货币性效用的损失。也就是说，由于出售了部分股份，企业家虽然仍会享受懈怠行为所带来的全部好处，却不再承担其懈怠行为所造成的全部损失。因此，相比以前，企业家的懈怠行为无疑会增加。但是，若市场是有效的，外部投资者就会预期到企业家的行为在出售股份后会有所改变，他们的出价就不会以企业原来的价值为基础，而是以考虑了企业家行为变化后的企业的价值作为出价的基础。这意味着企业家在出售股份后，增加的懈怠行为的全部损失可能仍会由企业家来承担。但是，若这种损失仍然由企业家来承担时，由于企业家在出售股份前的懈怠行为的边际效用和边际损失是相等的，企业家出售股份后任何增多的懈怠行为所带来的效用都会小于由于价值损失而减少的效用，即该种状态对企业家的选择并不是最优的。为了避免效用的下降，毫无疑问企业家会有动力向外部投资者承诺，他的行为在出售股份后不会改变，即不会增加懈怠行为。这种解释同样适用于企业家和债权人之间的冲突，于是就需要找到使契约各方都认可的监督方式以保证承诺可以被履行，作为对企业经营活动和财务状况进行综合反映的会计信息的财务报告就成了这种使各方都满意的监督方式。

根据契约论，一系列契约的参与人包括企业投资者、债权人、管理人员、职工、政府部门、消费者、供应商、社会公众等利益关系人，他们作为各种要素（资本、管理知识等）的所有者，通过一系列明示或隐含的契约将各种要素投入企业中去，并希望从企业中获得相应的回报。签订契约的各方普遍存在一种信息不对称的情况。

信息不对称理论论述了信息在交易双方不对称分布或在某方的不完全性对于市场交易行为和市场运行效率所产生的一系列重要影响。信息不对称主要包括三个方面的内容：第一，交易双方的任何一方都未获得完全清楚的信息；第二，信息在交易双方之间的分布是不对称的，即一方比另一方占有较多的相关信息；第三，交易双方对于各自在信息占有方面的相对地位都是清楚的。按照信息不对称发生的时间是在当事人签约之前还是签约之后来考虑，信息不对称会产生两个问题：逆向选择问题和道德风险问题。

信息不对称导致了信息的自然垄断和逆向选择，从而增加了信息成本。雷弗（Lev，1988）针对这种不均衡现象指出消除不均衡产生的根源——信息不对称，构建一种全面有序的信息传递机制，并加以有效监督，打破信息在优劣双方的不对称分布，推动各种有用信息的均衡分布，改善资源配置，提高市场效率，引导市场由失衡走向均衡。

财务报告为缓解委托人和代理人之间的信息不对称起了重要的作用，但财务报告的形式和内容却随着社会经济环境的变化而不同，其中关键因素在于提供会计信息的成本及减少信息不对称带来的收益之间的对比。

目前，由于经济全球化、营销创新、衍生金融工具等业务的发展，使得企业经营活动的不确定性加大，委托人与代理人之间的信息不对称的情况因此加剧，因而必然要求企业披露信息更为全面、及时，以减少信息不对称的负面影响。同时，随着信息技术的进步，提供信息的成本进一步下降。因而，中期报告、分部报告、全面收益报告等纷纷出现，电子联机实时报告的可行性日益增大，这都是在新的经济环境下，加大信息量、减少信息不对称的必然产物。

（二）有效市场与信息披露

市场的有效性是指市场资源达到有效配置。它包括两个方面：配置方式效率和配置结果效率。前者又称为内在效率，即证券市场能否在最短时间内和以最低的交易费用为交易者完成一笔交易；后者又称为外在效率，用来描述一个市场中的金融资产价格反映相关信息的程度，即市场上证券的价格能否根据有关的信息作出及时、快速的反应。

有效市场假说认为，在有效市场中，证券价格反映市场信息的运动是迅速准确的，证券价格能完全反映全部信息。证券市场反映信息越充分，从一个均衡达到另一个均衡的时间越短暂，市场越有效率。根据用于检验有效性信息的不同，又将市场效率分为三类：弱式、半强式和强式。①弱式有效。如果投资者利用有关历史资料（如价格、交易量信息）进行交易不能获得超额收益，则称市场达到弱式有效。②半强式有效。如果投资者利用所有公开信息进行交易而不能获得超额收益，则称市场达到半强式有效。③强式有效。如果投资者利用包括内幕信息在内的所有信息都不能获得超额收益，则称市场达到强式有效。

大量的实证研究结果表明，即使证券市场较为发达的美国，证券市场上也不能在半强式上完全有效。从信息披露上来看，由于信息披露的时效性以及全面性仍有欠缺，有的竞争者所展开的信息搜寻已经提前获得了一部分信息。就个体而言，信息搜寻符合成本效益原则，而对于社会而言，信息搜寻成本是一种资源的浪费，同时投资者在信息搜寻方面的不平等地位将在一定程度上削弱证券市场的公平、公正性。投资者要求信息披露更为及时，不仅是针对年报、中报，还针对实时报告，以便其作出及时的经济决策。同时，投资者也要求信息披露更为全面，不仅仅是财务信息，而且还包括企业的计划、风险与机会等方面的非财务信息，以便对企业进行全面的评价。因此，公司财务报告所包含的信息应该及时、全面，具有相关性和可靠性，尽可能降低内幕交易的可能性，使证券价格更能充分反映信息，以促进市场效率的提高。

二、财务报告的目标

财务会计报告的目标对整个财务会计报告起指引作用，但它也不能脱离已存在的环境，因而也受会计基本假设的制约。不过，使用者及其对财务会计报告信息的需求，却具有决定性意义。财务会计报告的目标同会计信息质量要求是密切相关的。美国 APB Statement No. 4 曾称之“质的目标”。一般来说，目标与信息质量要求所应研究的方面，可归纳为以下几个相互联系的问题。

（1）谁是我国财务会计信息的主要使用者？

（2）这些使用者需要什么信息？满足何种需要？

（3）对这些信息应具有什么质量要求？

我们知道，在西方国家中最早提出财务报表（报告）目标的机构和文献是美国 APB 和它的第 4 号报告，而比较全面和权威的阐述，则见于 FASB 的第 1 号概念公告。其实在 SFAC No. 1 之前，特鲁博罗特委员会（Trueblood Committee）已做了重要的准备工作。著名的特鲁博罗特报告最早提出了财务报表目标应当考虑四个问题。其中的头两个问题就是：①谁需要财务报表？②他们需要什么信息？为了回答上述问题，最后写成《财务报表的目标》这篇重要报告，特鲁博罗特委员会集合了一批学术界人士、职业会计师和顾问，对美国 5000 家以上的公司和其他组织征询意见，举行了多次座谈会，有各有关机构和团体参加的会议达 35 次，并在纽约举行了三天的公开听证会。

美国特鲁博罗特委员会所提出的《财务报表的目标》中的某些内容及其以调查研究为基础的经验，当然值得我们借鉴，但必须紧密结合中国实际。我国政府也在大量调查研究的基础上分别由财政部 1992 年制定的《企业会计准则》（以下简称《准则》）和由国务院 2000 年颁布的《企业财务会计报告条例》（以下简称《条例》），《准则》的第 11 条和《条例》的第 4 章均对财务会计和财务会计报告的目标做了重要的原则性规定，指出了进一步研究的方向。

第一，根据我国的有关规定，为了确保财务会计报告的真实与完整，我国企业对外应提供的财务会计报告只能是一份通用的报告。也就是说，企业向国家、投资人和其他任何方面提供的财务会计报告，“其编制基础、编制依据、编制原则和方法应当一致”（《条例》第 36 条）。财务会计报告的通用性和一致性在一定程度上符合我国的会计准则。

第二，我国的财务会计报告，分为年度、半年度、季报和月报四种。在上述四类报告中，每一类报告都有会计报表，季报和月报的会计报表至少包括资产负债表和利润表，年报和半年报的会计报表应为资产负债表、利润表、现金流量表和相关附表，年报和半年报表还应有：会计报表附注和财务情况说明书。一般认为，会计报表附注是会计报表不可分割的组成部分。但附注仅是为便于报表使用者理解报表内容而对报表的编制基础、编制依据、编制原则与方法并对报表项目所作的解释，它又具有相对独立性。考虑到季报的编报期间较短，需要调整说明的事项不多，因此，季报和月报可不必报送报表的附注。

第三，考虑到我国的企业有大中小不同规模，有国有独资、股份制等各种组织形式，它们对财务会计报告的要求不尽相同。其中，要求最严格，涉及使用项最多的，是现代企业，即股份有限公司，特别是股票上市公司。关于财务会计报告目标的研究，我们选择上市公司的财务会计报告为对象。

第四，财务会计报告的目标，不是编报者的目标，也不是使用者的目标（决策的目标），而是为了满足使用者的共同需要，向他们提供真实、完整、公正的信息。因为在对企业财务信息的占有方面，财务会计报告的使用者对比编报者而言，前者是弱者。财务会计报告所传输的信息理所当然地要偏向即保护他们。但偏向的应该是有助于他们对决策的共同信息需求，而不是偏向于某个用户的具体决策的信息需求。

那就是说，使用者在进行经济决策时决不能单纯依靠通用的财务会计报告信息，而应当同时具备与决策有关的其他知识。

第五，必须指出的是，财务会计报告的目标同会计报表（财务报表）的目标基本上是一致的，但不完全一致。因为有些虽具有相关性的信息由于不能可靠地计量而不具有可靠性。例如某些具有高度不确定性的财务信息（如未来的盈利预测、现金流量预测）或因为某些既有相关性也有可靠性却属于非财务信息（如有关公司已决定了的重大人事变动、已发生的重大事件）都不符合确认的基本标准，因而不能在会计报表中列示，但是它们可以在其他财务报告中由公司自愿披露。

三、财务报告的范围

明确了财务报告目标后，应当对财务报告范围进行研究。关于财务报告范围，不同国家的相关组织和国内外的专家学者先后提出了不同的观点，而且在研究这一问题时，经常是与财务报告的含义联系在一起的。财务报告（financial reports）主要是指财务信息的揭示（disclosure）或表述（presentation）。财务报告是由财务报表及其附注和其他财务报告两部分组成的。

（一）各主要国家或组织的论述

英美等国相关机构和国际会计准则对财务报告的含义和范围都有一些解释。

英国会计准则委员会 ASB 将财务信息分为以下两类：一是特殊目的的财务报告。规定的申报表、税务申报表、为银行编制的财务报告等都是这类报告的例子。二是通用目的的财务报告。这类财务报告包括通用目的的财务报表、其他形式的通用财务报告和其他财务信息。

按美国1933年《证券法》和1934年《证券交易法》，美国证券交易委员会早就要求上市公司必须呈报和披露由财务报表表述的财务信息和非财务信息两大类信息。美国财务会计准则委员会在1987年发表的《企业财务报告的目标》中指出："财务报告不仅包括财务报表，而且包括传递直接或间接地与会计系统所提供的信息有关的各种信息的其他手段。"按照美国财务会计准则委员会的说法，那就是"涉及企业的资源、债务、收入、费用等信息"，"常见的财务报告，其中包括财务报表、其他财务信息和非财务信息、公司的年度报告、招股说明书，以及呈报证券交易委员会的年度报告等"。此外，还包括"新闻发布稿、管理当局的预测、计划或前景以及对社会环境的影响的说明等"。美国财务会计准则委员会阐明了财务报告、财务报表的一些主要特性，特意地没有对财务报告下定义，认为这样"倒是为财务报告的编制留下了一个非常大的口子"。

国际会计准则委员会（IASC）及其重组前对财务报告没有下过定义，而是对财务报表进行了定义，即财务报表是对主体财务状况和财务业绩的结构性表述，并在有关文件中罗列了财务报表的构成：财务报表是财务报告的一部分，一套完整的财务报表通常包括资产负债表、利润表、财务状况变动表，以及作为财务报表不可分割部分的附注、其他报表和说明材料。在《国际财务报告准则前言（征求意见稿）》中，"财务报表"一词所指的内容发生了一些变化，即变为"一套完整的财务报表包括资产负债表、收益表、反映权益所有变动或除与业主资本交易或分配给业主产生的权益变动以外的权益变动表、现金流量表、会计政策和解释性附注"。公立单位委员会（Public Sector Committee，PSC）是国际会计师联合会的一个常设委员会，该委员会在1991年公布的第一号研究报告《中央政府的财务报告》中，将财务报告定义为"满足主体外部使用者共同的信息需求而编制的通用财务报告……虽然财务报表是财务报告的核心，但是，其他的财务信息，如业绩计量和预算的信息，也可以包括在财务报告中"。2008年最新修订的《IAS1 财务报表的列报》中规定，财务报表是对主体财务状况和财务业绩的结构性表述，一套完整的财务报表包括财务状况表、当期综合收益表、当期权益变动表、当期现金流量表和附注。

（二）我国关于财务报告范围的论述

关于财务报告，在我国财政部1992年发布的《企业会计准则》中称为财务报告，在

2006年发布的《企业会计准则——基本准则》中称为财务会计报告，同时，《企业会计准则——基本准则》中也指出，财务报告也称为“财务会计报告”。从国际范围来看，“财务报告”是一个比较通用的术语，那么，财务报告与财务会计报告二者有何差异？

我国著名会计学家葛家澍教授认为：二者各自包括的内容大同小异，其名称的选用皆能贴近其含义，而且名称的差异反映了各国自己的会计惯例。葛家澍、林志军教授对于财务报告与财务报表的关系问题也做了说明。他们认为，在财务会计实务中，财务报告和财务报表这两个术语时常混同使用，但二者既有区别又有联系。首先，财务报表表现为财务报告的主要手段，其项目和金额来自企业日常的账簿资料，必须有可靠的凭证作为原始证据，遵守公认会计原则加以确认，其真实性和公允性应由注册会计师进行审计。因此，财务报表信息最可靠、最相关，有助于企业内外部使用者经济决策的财务新消息主要是通过一系列的报表来提供的。如果没有财务报表，也就谈不上财务报告。另外，他们指出，西方会计理论认为，财务会计提供财务信息的完整职能是由财务报告完成的。财务报告具有不同的手段或形式，财务报表是财务报告最基本的手段，但不是唯一的手段。特别是20世纪70年代以来，由于企业生产经营与投资理财活动的日益复杂、企业的相关利益集团范围的延伸以及企业经营管理责任概念的扩大，使得单靠财务报表已无法满足使用者的需要，要求企业扩大对外披露信息内容的呼声越来越强烈。财务报表以外的财务和非财务信息的披露日益受到重视，其报告形式也有许多新的发展。因此，在财务会计理论中，“财务报告”日益代替了“财务报表”的传统概念。在实务中，财务报告除了包括财务报表之外，往往还包括一些附注或补充报表，比如，有关物价变动影响的补充报表、未来5年内租赁负债摊销表、管理当局就现在或近期内将进行的重大投资或融资交易的分析说明等等。这是因为，财务报表作为正式对外提供的报告，为了维护使用者的利益，必须接受“公认会计原则”的约束，不论在报表的形式或是在内容方面都有较为严格和统一的要求。因此，某些非正式要求的信息，或者是与特定使用者相关的信息，就不能列入财务报表，而要求通过其他手段予以披露。同时他们指出，受传统惯例的影响，对财务报告和财务报表的区分有时不甚明确。

在财政部会计司2007年编写的《企业会计准则讲解》中对“财务报告”与“会计报告”以及“财务报表”的区别给出了比较权威的解释：“财务报告”从国际范围来看是一个比较通用的术语，但是在我国现行有关法律、行政法规中使用的是“财务会计报告”这一术语，为了保持法规体系上的一致性，基本准则仍然沿用了“财务会计报告”的术语，但同时又引入了“财务报告”这一术语，并指出“财务会计报告”又称“财务报告”，从而较好地解决了立足国情与国际趋同的问题。关于财务报表与会计报表，财政部会计司编写组在其编写的《企业会计准则讲解》中指出：财务报表区别于现行法律、行政法规中使用的会计报表，财务报表除了包括会计报表本身外，还包括附注，而会计报表没有包括附注，附注是财务报表的重要组成部分。

（三）财务报告范围的有关评述

综上所述，各国在各自的财务报告框架和企业会计准则及相关制度中，对财务报告的范围有各自不同的界定。如前所述，美国财务会计准则委员会认为，财务报告不仅包括财务报表，而且包括企业会计系统提供的直接或者间接传递相关信息的其他财务报告。英国会计准则委员会将财务信息分为特殊目的的财务报告（如规定的申报表、税务申报表、为银行编制的财务报告等）和通用目的的财务报告（如通用目的的财务报表、其他形式的通用财务报告、其他财务信息）。2008 年最新修订的《IAS1 财务报表的列报》中指出，财务报表是对主体财务状况和财务业绩的结构性表述，一套完整的财务报表包括财务状况表、当期综合收益表、当期权益变动表、当期现金流量表和附注。我国《企业会计准则——基本准则》中规定，财务会计报告的组成内容包括财务报表、附注和其他相关信息和资料。其中，财务报表包括资产负债表、利润表、现金流量表和所有者权益变动表，附注是财务报表的重要的有机组成部分。

可以看出，我国财务报告涵盖的范围与西方主要国家会计组织规定的财务报告涵盖的范围基本相同，都包括财务报表、财务报表附注以及其他的一些补充信息。但是一些具体的涵盖内容又有些不同，有的报表名称也不完全相同。西方财务报告涵盖的范围主要侧重于对经济决策、投资决策、信贷和类似决策有用的信息，我国的财务报告虽然指明财务报告的主要服务对象是投资者、债权人等外部的信息使用者，但是在财务报告的分类中没有像英国那样分为特殊目的的财务报告和通用目的的财务公告，也即企业只提供通用目的的财务报告，不为某些使用者专门编制财务报告，这与国际会计准则规定通用财务报表编制基础的目的是一致的。

关于财务报告所能提供的有关企业信息的思考，笔者认为，财务报告并不能反映企业的所有信息，但是那些对于投资决策有用的信息应该反映在财务报告中。例如，对外披露企业履行社会责任情况的信息，可使企业在社会公众面前树立良好的社会形象，并为企业赢得潜在的顾客和投资者。与企业相关的信息应该有选择地纳入财务报告，如果将企业所有的信息，包括财务信息和非财务信息都包含在财务报告内，不符合财务报告的含义，也是财务会计力所不能及的。所以，应该对财务报告所应反映内容的范围有一个清楚的界定。笔者认为，某一信息是否纳入财务报告的标准就是看其是否影响使用者对企业的判断、是否对其决策有用。财务报告应该包括财务报表及附注，并以提供财务信息为主，非财务信息不应当强制要求披露。但是，笔者建议企业尽可能多地披露与投资者决策相关的非财务信息，对于那些与决策关系不大的企业信息则可以不披露，以免造成使用者的误解和财务报告的冗杂。企业也可以通过其他手段提供相关信息，如管理当局的讨论与分析、企业重要会议记录或重大决策的书面说明，以及由分析人员根据企业的财务数据进行分析的分析报告、经济统计资料，有关企业的新闻报道等。也就是说，财务信息主要是以财务数据反映的信息和依据财务数据的分析信息，非财务的信息应主要集中在企业的会议纪要和重大政策文件上，以及外界，主要是新闻媒体对企业客观、公正的报道。

四、财务报告的环境

财务报告的根本目标是为相关的利益集团提供有用的财务信息，在不同的社会经济环境下，会存在不同的财务信息需求。因此，财务报告不可能一成不变，其必然随着所处的经济因素、政治和法律因素、社会文化因素，以及教育因素等的变化，不断创新，不断发展。现就这些因素对财务报告的影响进行分析。

（一）经济因素

在影响财务报告的所有各种环境因素中，经济因素是最主要的。其对财务报告的影响主要表现在两个方面：一是经济发展水平。经济落后阶段，企业经济活动少，财务报告所要反映的内容和编制工作量必然较小；随着经济的发展和企业经营规模的扩大，经济业务不仅量大而且复杂，需要不断改进财务报告以满足信息使用者的需求。经济发展水平对财务报告的影响还表现为报告要素确认、计量和报告方式的改进和提高，信息技术的发展，企业可以以较低的成本为外部使用者及时提供更多、更详细的财务信息。二是经济体制。这主要体现在国家对国民经济的直接干预程度和资本市场的组织方式。实行高度集中计划管理的国家，一些大型企业的资产全部归国家所有，资金来源主要是国家财政拨款和国家银行贷款，财务报告的报送对象仅是政府主管部门；实行自由企业制度的经济发达国家，企业在经营活动和决策等方面，都有相当大的自主权，资金主要来源于股东投资和私有商业银行的贷款，财务报告的使用者并不仅是政府部门，而主要是企业的投资者、债权人、内部职工和社会公众等。

我国自改革开放以来，经济环境发生了重大变化，随着现代企业制度的逐步建立，社会主义市场经济体制日益完善，企业的筹资渠道呈现多元化格局，资本市场逐渐发育和规范。因此，财务报告应改变过去那种单纯以国家、政府作为财务信息使用者的报告模式，应以满足广大的投资者、债权人和其他利益集团的信息要求作为财务报告的目标。资本市场和金融市场的全球化是当今世界经济发展的一个重要趋势，企业的国际经济活动日益频繁，必然要求我们加强对合并财务报表、外币财务报表的折算、国际税务等相关财务问题的研究。同时，随着知识经济时代的到来和科学技术的日新月异，企业的生产经营越来越依赖难以确认和计量的无形资产，创新金融工具的应用极大地提高了企业的财务风险，这些都会影响未来财务报告发展的方向。

（二）政治和法律因素

从政治因素来看，不同的政治制度对财务报告所带来的不同影响是相当明显的。在经济发达国家，政府通常并不直接干预企业经营管理和财务会计工作，企业财务报告制度具有一定程度的灵活性；而在一些实行计划经济的发展中国家，财会人员直接向政府主管部门提供财务报告，其财务报告制度具有高度统一性和可比性。

法律对企业的影响是双重的，它既规定和保护企业的正当权益，又监督和制约企业的行为，包括财务报告行为。世界各国都以不同的法律和制度方式对财务报告进行规范。例如，美国的财务报告规范主要由《证券法》《证券交易法》S-X 规定（联邦法规第 17 条第 210 项）、S-K 规定（联邦法规第 17 条第 299 项）和《公认会计原则》组成；英国财务报告规范则由《公司法》和《会计准则》构成。我国除立法外，主要通过制定准则或制度来规范会计与报告实务，现行我国财务报告规范体系是由《中华人民共和国公司法》《中华人民共和国证券法》《中华人民共和国会计法》《股票发行与交易管理暂行条例》《公开发行股票公司信息披露实施细则》《企业财务会计报告条例》《企业会计准则》和《企业会计制度》等构成。另外，《中华人民共和国审计法》和《中华人民共和国注册会计师法》的颁布实施，直接与财务会计密切相关，所有这些法律法规与准则制度对财务会计报告信息的加工处理、对外报告以及验证等方面起到了规范和统一的作用，有助于提升我国财务报告信息的质量。

（三）社会文化因素

社会文化因素涉及的内容比较广泛、复杂，它包括人们的思维方式、社会风俗习惯、价值观念等。任何企业的财务报告都是对特定社会文化环境下的企业生产经营活动过程的总结和反映，因此，企业的财务报告行为会直接或间接地受到社会文化环境的影响，不同的语言、文字决定了各国采用的财务报告格式和内容有所不同。比如，社会的保密程度因素，它会直接影响财务报告披露信息的数量，保密程度越大，向外界揭示的信息越少，并且保密还会影响到审计工作，难以验证企业财务报告的真实性。再如，国家对职工生活福利的重视程度因素，英国、法国和瑞典等欧洲国家，比较重视社会责任报告的编制，强调企业职工和社会公众对企业财务报告的需要；美国通常仅注重向投资者和债权人提供财务信息，政府不强调企业披露对社会和公众利益所产生的影响等方面的信息。

（四）教育因素

教育因素对财务报告的影响首先表现在财会人员的水平和素质方面。就对财务报告的影响来说，在教育水平较低的国家，财会人员的整体工作水平和能力不可能很高，所编制的财务报告相对简单，报告所提供信息的可靠性和相关性也会受到很大的影响；相反，教育水平较高的国家，财会人员素质较高，专业判断能力强，能够采用相当完善和复杂的会计制度，所提供信息的质量会相应地提高，内容也更加丰富。另外，一个国家国民受教育的程度和会计知识的普及程度会影响财务报告理论和实务的发展和报告信息的利用程度，在一个文盲比重较大的国家，就很难有许多人能够读懂财务报告，而在一个教育发达的国家，阅读和分析财务报告就会成为投资者、债权人、企业经营管理者所必须掌握的一种技能。我国财会人员专业素质总体上较低，习惯甚至依赖于照章办事，对专业判断较为陌生，需要尽快提高财会人员的水平和素质，不断增强财务报告的有用性。

从以上分析可以看出，环境因素对财务报告的影响是深远的，随着我国社会主义市场经济的不断完善，我们应当进一步改进财务报告的内容、结构和报告方式，为报告信息使用者准确理解和有效利用财务报告信息创造有利条件。

第二节　财务报告改进的动因

一、目前财务报告无法解决的问题与尴尬

21 世纪是知识经济时代。企业的价值驱动因素发生了重大变化，知识和信息的生产、

存储、使用和消费在整个经济社会运行中的地位越来越突出和重要。信息、知识等企业无形资源日益成为企业生存、获利、发展和竞争优势的决定因素，乃至成为决定一国核心竞争力和经济良性增长的关键。知识经济在给企业组织形式和传统管理带来巨大冲击的同时，也对会计实务产生着巨大的影响，使传统的会计范式面临着严峻的挑战。许多学者的研究表明，会计的发展是“反应性”的，对于知识经济带来的会计环境的变化并由此所导致的若干会计新问题，会计理论和实践应当作出相应的“反应”。然而，现行财务报告并未作出应有的反应，主要表现在以下几个方面。

（一）会计信息供求矛盾突出

会计信息的提供必须体现全面性、可靠性和及时性要求，以满足企业利益相关者对会计信息的实际需要。但是，从目前财务报告的现实状况来看，其所提供的信息至少不能体现全面性要求。现行会计模式下的财务报告，注重已经完成或已经发生的交易事项，基本不涉及有关企业竞争优势和发展潜力等未来信息，特别是对企业在长期经营过程中创造的商誉和企业面临的重大风险与报酬机会以及种种不确定性很少披露；受“受托责任观”的约束，存在重成本核算轻价值核算的倾向；受“交易观”限制，侧重于报告当期利润，而忽略反映企业未实现利得和损失等全面收益信息。所以，现行会计信息供给至少导致三个密切相关的问题：①不能充分体现企业的实际价值；②不能全面反映企业的经营成果；③对决策有用的信息相对有限。

（二）现行财务会计概念框架制约会计理论和实务的发展

现行会计模式是在工业经济的基础上逐步形成的，是以企业生产经营过程中所需的各类物质要素的核算为基础的。建立在此基础上的会计假设、会计原则、会计要素和会计确认、计量、报告方法等，遵循历史成本原则、权责发生制原则、谨慎原则，只注重可以货币化计量的实物资产的核算，并未涉及部分非实物资产。一些要素尤其是一些日益重要的非物质要素的价值长期未纳入会计核算体系，明显暴露出现行会计理论体系和财务会计概念框架的缺陷。据以制定的会计准则往往难以很好地指导会计实践，会计所提供的信息不能全面反映企业和社会经济活动的实际，会计活动常常面临一些无法解决的问题和尴尬，备受质疑。

1. 股票市价与账面价值存在极其显著的差异

据美国两大证券交易所的统计，1973—1983 年上市公司的平均市值仅为公司净资产的

0.82 倍；1981—1993 年，上市公司的平均市值为公司净资产的 4.4 倍；步入 20 世纪 90 年代以后，高科技企业的市场价值通常为净资产的 10~50 倍。根据摩根士丹利资本国际指数的计算资料显示，全球各公司在 20 世纪 90 年代末期的平均股票市值是其账面价值的 2 倍，而美国公司的市值是其账面价值的 2~9 倍。再如，美国微软公司（Microsoft）2000 年 9 月底的房产和设备总价值仅有 19 亿美元，但资本市场价值达 3280 亿美元。另据美国布鲁金斯研究所的研究发现，进入 21 世纪，像微软与思科这类大公司，财务报表对现实经济仅有 5%~10%的反映能力，这也充分说明了企业会计信息的不完整性。

2. 企业并购中资产收购价格与资产账面价值相差极大

1992 年美国《会计月刊》发表了《商誉会计：彻底检查的时刻到了》一文，文章透露，1989 年菲利普·莫里斯国际公司收购卡夫食品有限公司支付的 12.9 亿美元中，90%是传统会计信息中未曾反映的商誉；1990 年，时代华纳与美国在线两公司合并时支付的 140 亿美元中，80%也是商誉。2004 年 12 月，联想以 12.5 亿美元（约 104 亿元）收购 IBM 的全球 PC 业务，其收购价中 102 亿元购买的也是财务报表上未反映的商誉，占总价款的 98%以上。在现有的会计理论体系及财务会计概念框架下，目前世界各国准则均规定不对自创商誉进行核算，只对并购商誉进行核算，必然导致企业并购中资产收购的价格与资产的账面价值相差极大的现象。

3. 会计信息不完整导致并购成本过高影响并购效果

有学者认为并购是可以创造价值的，但有学者认为其可能的结局虽说不是飞蛾扑火，至少也如同赌博，胜负各半，颇具风险。世界各国的众多实证研究表明：与振奋人心的高额并购金额和数量巨大的并购案例相比，企业并购的实际成功率并不高，成功的并购不足 30%，许多企业的并购并未达到预期的效果，大约 1/3 的并购是明显失败的。影响企业并购效果的因素较多，其中由于财务报告未提供被并购企业的商誉价值、信息不对称、决策相关性较低是使得企业并购成本过高的重要原因，而高溢价并购的背后隐藏着巨大的商誉减值风险，成为影响并购效果的重要因素之一，许多学者对此进行过验证。如郑海英等（2014）基于我国 A 股非金融类上市公司 2007—2012 年并购活动财务报告数据，对并购商誉与公司绩效的关系进行了检验，研究发现，上市公司支付较高商誉成本提升了公司当期业绩，但降低了公司未来期间的业绩。进一步研究发现，除市场集中度较高的行业外，上市公司支付较高的商誉成本显著降低了公司业绩。

4. 由于缺乏自创商誉信息导致国企改制

我国已经成功打破传统计划经济下单一僵化的所有制结构，逐步形成复合多元型的混合所有制结构。特别是20世纪90年代以来，我国的经济体制改革加快推进，一个显著的表现就是通过股权改革、资产转让、管理层收购等多种方式推进国有企业改革，发展多种所有制经济。我们在总体上肯定改革所取得的巨大成绩的同时，也要看到当时典型做法的弊端。由于会计未提供自创商誉及企业资源价值信息，国有企业在进行估值时，主要对财务报表上披露的有形资产和无形资产进行评估，而没有考虑自创商誉等无形资源为企业带来的超额收益产生的价值，严重低估了企业价值，一些企业的资产简单地以账面净资产价值的方式被处置。

5. 由于缺乏企业全面资源价值核算资料，我国企业资源管理存在严重问题

由于未将自创商誉等无形资源纳入会计核算，企业不重视研发创新，忽略资源消耗问题。学者陈工孟曾在2004年进行过相关统计，统计数据表明，我国经济在过去20多年中取得辉煌成就的背后付出了巨大代价。

综上所述，目前由于未将商誉纳入会计核算体系导致会计信息不完整和供给不足是会计实务面临的最突出问题，而以资产为基础建立起来的财务报告体系存在严重缺陷，则是导致这一问题的根本原因。应该从改进会计信息供给、提高会计信息的有用性出发，针对目前财务报告体系存在的诸多缺陷，探索通过拓宽会计的研究范围和会计核算对象，尝试构建以企业资源为基础的财务报告体系，将商誉纳入会计核算体系，使会计能提供企业商誉及其变动信息、全面资源价值信息。

二、现行财务报告的局限性

由于环境因素的变化和财务会计、财务报告信息的局限性，自20世纪50年代以来，传统会计报告模式经常遭到人们的批评。现行财务报告实务确实存在着不少的局限性。

（1）财务报告无法反映许多影响企业财务状况和经营成果的因素。例如，企业管理人员和职工的素质、企业在社会上的声誉、企业原材料与能源的来源、产品的销售渠道等等，这些因素虽然与企业的生存发展有密切的联系，但由于它们无法用货币形式进行描述，只好被排除在财务报告外。此外，企业经营成果是许多因素（包括外部环境因素和内部因素）综合作用的结果，但财务报告所提供的信息反映的是企业的经营成绩，它无法精确地辨别出企业管理人员的经营业绩。最后，财务报告所反映的内容仅限于两个或两个以上经济实体之间的交换活动，而不反映企业与所处环境之间的交换活动，因而无法全面反映企业对社会的贡献。

（2）现行财务报告的滞后性十分严重。按照会计期间假设，现行财务报告是定期编制和对外披露的。然而，由于现代社会的发展步伐日益加快，金融工具的应用和企业之间竞争的加剧使企业经营风险和财务风险大为提高，企业的财务状况可能在短时间内发生根本的改变，年度报告甚至季度报告已明显无法满足使用者决策的信息需要。为了定期编制财务报表，会计人员必须按照会计分期假设，并根据权责发生制和配比原则等，确认和计量本期的收入费用和利润。这样，财务报表数据的准确性在某种程度上必须依赖这些假设的准确性，而这些假设和原则在很少的情况下能与现实情况相吻合。因此，从这个意义上说，财务报表上的数据并不是客观的。

（3）财务报告上计量和列示的内容都是货币表现的绝对值，给人的印象似乎数字很精确。其实，在极少的情况下，报告上所反映的资产价值能够代表该资产的未来可实现净值或企业在清理时能够实现的价值。就历史成本来说，由于允许采用摊配、递延、应计等程序，允许必要的估计，允许在一些备选方案中进行选择，其所计算的结果也不可能绝对真实和完全一致，精确性是很难做到的。

（4）财务报告项目的分类、汇总与排列，本来是为了更有效地实现其沟通职能，然而却逐渐演变成纯技术，以至于只有精通会计与报告规则的使用者才能理解财务报表所提供的信息。同时，许多会计数据正是在分类、汇总、确认和计量过程中丧失了其本身的含义，削弱了财务报告信息的有用性。

（5）财务报告经常把重点放在法律形式上而不是交易或事项的经济实质上。这种按法律或其他形式来确认、计量的资产、负债、所有者权益、收入、费用、利得和损失可能无法反映经济现实。

（6）财务报告仍然无法反映许多不确定的因素。信息使用者往往对单一收益计量过分重视，错误地把短期利润作为企业的主要目的，并以此衡量管理人员的业绩。这种做法可能导致管理人员的短期行为。此外，财务报告只确认债务资本成本而不确认产权成本，因此是不全面的。

（7）财务报告主要是提供以历史成本为主的财务信息，它对使用者决策所需信息的相关性较低，无法反映企业未来的经营成果和财务状况。此外，财务报告是定期进行编制的，而使用者的决策却是不断进行的。因此，财务报告难以满足使用者的信息需要。

（8）现行财务报告是通用报告，它假定能够满足所有使用者的信息需要，但不同使用者的具体决策模式千差万别，他们所需的信息也必然各不相同，通用财务报告显然难以同时满足所有使用者的信息需要。

事实上，现行的财务报告在形式和内容上都以股东为主要服务对象，它在客观上忽视了企业对其他相关社会集团所承担的经管责任。现行财务报告主要针对具有平均理解能力的（投资者）使用者集团，这种导向忽视了信息媒介和投资媒介在竞争性市场上的作用，并限制了公司对外财务报告的扩大与深化。最后，现行财务报告体系混淆了财务报表与信息披露之间的区别，人们往往认为它们具有相同的目标。此外，在财务报告之外，越来越多地利用附注和辅助报表来披露财务信息，这也说明财务报告本身具有局限性。

综上所述，现行财务报告体系的局限性一是由它本身的内在属性所决定的。例如，财务报告限于反映可用货币表现的项目，从而使财务报告的内容受到限制。对于这一属性，前已述及，人们对它不应过分指责。正如社会有各种各样的分工一样，信息系统之间也有一定的分工。财务报告之所以称为财务报告，主要是因为它提供财务信息为社会服务。任何信息系统都不可能是万能的，财务报告和其他财务报告只是企业对外信息披露的一种手段，而不是全部。因此，由这类局限性引起的问题不应该由财务报告来承担。相反，这种不足应该利用其他信息披露手段（如职工报告、社会责任报告等）进行解决。二是由于环境的变化而使原来发挥效用所依赖的条件也发生变化（如技术发展、物价变动），从而降低了它所提供信息的质量。此外，由于经营环境的变化（企业规模、社会化程度、经济活动的复杂性、使用者集团及其决策类型与性质的变化等）也使人们对财务报告信息提出了更高的要求。当然，作为对外信息披露的一种手段，我们在研究财务报告时，应该紧密结合其他的手段。

三、现行财务报告体系的主要缺陷

现行财务报告体系是在传统财务会计概念框架下形成的，由于财务会计概念框架存在缺陷，现有的财务报告不能很好地满足信息使用者的需求。现行财务报告体系是建立在资产基础之上，是以历史成本为基础，以财务资源和财务状况为核心，以资产负债表、利润表、所有者权益变动表、现金流量表为主体的报告体系。其基本特征是主要披露企业过去的交易或事项信息，对反映企业核心能力、竞争地位与竞争优势的商誉信息、企业资源价值信息、企业未来成长信息和企业财富变动信息未予披露。尽管包括我国在内的许多学者和各国会计准则制定机构为财务报告的改进作出了极大的努力，但目前的财务报告体系仍然存在缺陷，不能很好地满足信息使用者的需求，会计信息供给与需求矛盾突出。

迄今为止，世界各国的会计信息使用者对财务报告都很不满意。人们对财务报告的有用性似乎在加速降低而表示担忧。早在 1975 年，英国会计准则筹划委员会（Accounting Standards Steering Committee，ASSC）发表的《公司报告》和 1991 年英国的英格兰和威尔士特许会计师协会（Institute of Chartered Accountants in England and Wales，ICAEW）和国际会计合作委员会（International Co-operation Accounting Committee，ICAC）联合发表的《财务会计报告的未来模型》，就先后全面深刻地揭示了现行财务报告的缺陷。1994年美国注册会计师协会在《改进企业报告——面向报告用户》中也指出了现行财务报告的不足。1995年美国证券交易委员会（the U. S. Securities and Exchange Commission，SEC）委员沃尔曼在《会计瞭望》上连续发表了题为“在发展的环境下会计和信息披露的未来：需要剧变”的系列论文，认为传统财务报表现在比过去更不能反映创造财富的资产，有相当大数量的资产被历史成本会计低估了，且资产并没有被完全确认，财务报告正陷入加速失去其有用性的困境。

纵观相关机构及学者们对会计信息供给状况的看法，批评意见很多，且批评的程度也愈演愈烈，甚至演化为“会计信息无用论”。持“会计信息无用论”观点的人认为，会计中存在一些自身难以解决的问题，诸如财务报告无法反映企业拥有的信息资产和人力资本等信息，并且会计造假、盈余管理等问题也变得越来越突出，使得会计信息与对决策有用的目标相去甚远。随着其他信息源的增加及信息量的增长，财务报告的使用者开始转用其他信息来补充财务报告的不足，会计信息的重要性正日益下降。部分学者运用实证研究方法对会计信息供给缺陷进行了验证。一方面，通过检验会计盈余与股价的关系研究发现，用于检验的报酬率——盈余回归模型的决定系数R2偏小，且盈余反应系数（Earnings Response Coefficient，ERC）具有不稳定性，这些证据让有些学者对会计盈余的决策有用性产生了怀疑。另一方面，通过检验资产、负债与股价关系研究发现，在会计上未予确认的资产和负债也反映在股票定价当中。

概括起来，传统财务会计概念框架下财务报告的局限性主要表现在以下几方面。

（1）偏重历史数据描述而忽视未来财富变动信息。由于某一事项要得到会计的确认，从而在财务报告中表述，其基本前提是必须交易事项已经完成，至少已经发生。按照美国会计准则委员会对会计要素的定义，每一项符合确认要求的财务报表要素，都明确规定属于过去的交易、事项所带来的结果。因此，现行财务报告模式下的财务报表，必然面向过去，而不可能面向未来，其实际上是一张历史会计数据汇总表、一种向后看的财务报表。然而，会计信息使用者需要的不仅是对企业过去财务状况和经营成果的真实而公允的描述，更希望了解能够对决策有用的、体现企业现在及未来的财务状况、经营成果和企业未来财富变动的信息。

（2）偏重成本而忽略价值。由于会计主体假设的存在，采用成本或者价值进行会计核算，反映在同一时点上不同会计主体进行会计核算的立足点不同：成本是会计主体对“投入”的核算，而价值是会计主体对“产出”的核算。以资产为例，成本在很大程度上仅仅代表了资产的存量特征，而价值则代表了资产的流量特征。现行财务报告模式重成本轻价值是由于立足于财务报告目标的“受托责任观”，主要考虑到财务报告所提供信息的可靠性和稳健性。以成本尤其是历史成本作为资产的主要计量属性，只能反映资产的取得或投入，并不能够反映“未来的经济利益”，这样就与资产的定义相违背。尽管目前各种计量属性同时并存，但实际上在财务报告中，是用成本而不是价值反映企业的经济活动，目前的财务会计与财务报告无法直接计量和表现企业的价值，只能用盈利和现金流量两个会计信息间接地作为替代变量。

（3）财务报告信息披露内容不完整。由于会计环境的快速变化，要求企业披露更多的、关系未来经营发展的关键性信息。但是，现行财务报告模式的缺陷使许多能反映企业未来前景、对使用者非常有用的信息被排斥在财务报表甚至财务报告之外。最直接的影响就是导致企业对经营业绩的反映和监督不能令人满意，信息使用者很难根据现行财务报告作出正确的决策。例如：①企业经营过程中形成的竞争优势，因为与企业的交易活动没有直接的相关关系，因此在财务报告上未能得以反映，但是这类事项对企业日后的经营业绩却有着重大且深远的影响；②那些企业内生的人力资源状况和各种软资产如知识产权、智力资产等，对企业发展意义深远的项目，未能得以反映；③对企业履行社会责任的信息，在财务报告中也长期被忽视，而由此导致的管制成本足以影响企业日后长远的经营业绩，甚至导致企业破产；④对企业在长期的经营过程中创造的商誉和企业面临的重大风险与报酬机会以及种种不确定性未能披露。

（4）侧重于当期利润而忽略全面收益的反映。只注重披露当期利润，强求收入、费用的配比；不能完整地反映企业的商誉变动等未实现利得和损失，不能提供完整的全面收益会计信息。

由此可见，要解决会计信息的供给与需求矛盾，克服目前会计信息供给缺陷，需要在对现行财务会计概念框架进行实质性完善的基础上构建新的财务报告体系。

四、我国财务报告改进的动因分析

以传统的会计模式为基础所编制的财务报告曾经在满足外部使用者信息需要方面发挥着良好作用。然而，随着社会、政治、经济和技术等环境的变化，使传统会计模式所赖以成立的基本假设和原则日益显示出局限性。影响财务报告改进的主要因素主要包括以下方面。

（一）经营环境的复杂性

资金、技术和商品市场的不断发展和全球化，法规体系的日益健全和交通、信息技术的飞速发展，使企业的经营环境发生深刻变化。在面临汇率、利率和物价的不确定性的同时，技术进步使企业之间的竞争态势产生质的变化，行业进入堡垒减少，产品与机器设备的有效使用周期大大缩短，传统上创造利润的某些资产的易变性达到了前所未有的程度。企业的生产经营越来越依赖难以确认和计量的无形资产，如专门技术、商标、管理质量、专利权。创新金融工具的应用，极大地提高了企业的财务风险。有些企业的财务状况可能在瞬间发生困难，甚至破产、清算。企业的风险和不确定性达到了前所未有的新水平，这些都会影响未来财务报告发展的方向。

此外，企业的概念也在发生变化。许多大型公司、跨国公司纷纷开展多样化综合经营，母公司下有许多分公司、分部或子公司，子公司下又有孙公司、联营公司、分部等，形成所谓的紧密型关联企业集团和松散型关联企业集团；加上“虚拟公司”的出现，企业的外延很难界定，从而给如何划定会计核算和财务报告的空间范围增加了大量新的问题。

（二）信息技术

信息技术在过去几十年中的发展迅猛异常，使信息的加工、收集和传递的手段（能力）都有了重大进步。通过计算机，企业可以较低的成本为外部使用者及时提供更多、更详细的信息；通过信息联网，企业已不必通过邮寄方式传递信息。此外，电子交易日益扩大，使企业生产经营活动日益复杂化，对企业生产经营的反映和控制的要求越来越高。在可预见的未来，信息技术将对财务报告的发展方向起主导作用。

（三）使用者集团

在传统上，企业对外财务报告主要是为股东和债权人服务的。随着企业生产经营活动的社会化和企业规模的日益扩大化，越来越多的信息使用者集团受到企业行为影响。社会民主意识的增加，使“非投资者集团”在接收企业信息的权利方面被越来越多的人所认识。当其他集团的这种权利得到社会的确认时，企业对外财务报表或报告就有可能增添其他的报告形式或内容，以满足这些使用者的信息需要。

（四）物价变动

物价变动使现行财务报告所反映的信息内容与现实背离。考虑到物价变动因素，以历史成本为基础编制财务报告往往被认为是一系列不可比的数据的混合物，因为这些数据是以不同时期不同购买力水平的货币单位为基础进行计算的。这就好像把美元、英镑、日元和人民币相加一样不合理。不过这些问题已被许多国家的会计界所认识，物价变动会计就是针对这一问题而提出的改进方案，然而在实践中解决这一问题的方案并不理想。美国的现行成本会计模式（SSAP16 提出的方案）也以失败而告终。尽管如此，只要物价变动现象依然存在，物价变动就是会计与财务报告所必须解决的问题。物价变动提出了历史成本是否是计量各种资产的最有效计量模式，也提出了使用者是否需要更多有关资产计价的信息问题。

（五）备选信息渠道

由于信息技术的发展，使用者可轻易从其他备选渠道获得有关企业、行业和宏观经济运行情况的资料。如果财务报告无法跟上时代的发展，不能满足使用者日益增长的信息需要，那么，随着越来越多的其他数据和风险资料成为使用者可获得的信息来源，财务报告的重要性相对会削弱。

第三节　财务报告改进的经验借鉴与现实选择

一、改进企业财务报告的设想

（一）国外改进企业财务报告的设想

1975 年，在英格兰和威尔士特许会计师协会下属的会计准则筹划委员会发表《公司报告》（*The Corporate Report*）中，提出了一系列改进财务报告的新设想。①公司财务报告的目标。财务报告的基本目标是提供关于报告主体资源和业绩的信息，满足各类使用者的信息需要。②公司财务报告的信息使用者。信息使用者主要包括投资者团体、债权人团体、雇员团体、政府、社会公众、顾问团体，以及其他与企业相关的团体。③公司财务报告的质量要求。公司年度财务报告所揭示的信息，要符合相关性、可理解性、可靠性、完整性、客观性、及时性、一致性等质量要求。其中，客观性是指保持中立，在计量中不偏向任何使用者；及时性是指数据和信息必须在报告期终了后的适当时间内公布，以便使用者获得最新信息；一致性是指不同公司或者同一公司的不同时期对相同或相似交易的会计处理要采用相同的会计政策。④关于计量模式。《公司报告》认为，当前企业的会计记录基本上是以历史成本为基础，但仅有历史成本数据是不够的，应该采用现行价值会计。在切实可行的现行价值会计模式产生之前，要考虑通货膨胀的影响，对历史数据进行调整。调整报表不应当作为补充报表，而应作为正式报表。⑤关于财务报表。为了履行公司的社会经济责任，《公司报告》建议增加增值表，雇员报告，企业与政府之间货币往来报表、外币交易报表，未来前景报表和公司目标报表。其中，增值表反映企业新增价值的实现过程，以及新增价值如何在员工、股东、债权人、政府等利益主体之间进行分配，见表 3-1；雇员报告是专门为雇员和工会编制的报告。在《公司报告》所附的范本中，要求在雇员报告中提供以下信息：被雇佣的人数、雇员的职务、长期劳动力的年龄分布、年度工作小时、雇员费用、养老金信息、教育和培训、已承认的商会、雇佣比率，以及种族关系、健康和安全统计等附加信息；企业与政府之间货币往来报表反映企业与政府之间发生的货币关系，比如，企业缴纳的税款、政府给予企业的补贴等。

表 3-1　公司增值表　　单位：元

项目	金额
营业额	
购买原材料和劳务	
增加值	
支付给雇员	
工资、养老金及额外福利	
支付给资本供给者	
贷款利息	
支付给股东的股利	
支付给政府	
应付公司税	
为资本的维护和扩张所做的准备	
折旧	
留存利润	
增加值合计	

1991 年，英国的英格兰和威尔士特许会计师会（ICAEW）和苏格兰特许会计师协会（ICAS）发布了一份题为“财务报告的未来模式”（*The Future Shape of Financial Reporting*）的研究报告，对财务报告的目标作出了新的表述：①向股东、债权人和其他方面提供有关企业过去业绩的信息，以便预测企业未来的业绩，作出有关的决策；②使那些包含以会计信息为条件的契约能够履行。比如，管理当局报酬的高低，常常依赖于会计计量；借款合同中可能包含以资产负债率等财务比率为基准的限制条款。这份研究报告把促进契约的履行作为财务报告的目标，就是认为会计信息有助于协调企业利益相关者之间的契约关系，降低企业的代理成本。比如，通过会计计量限制管理人员的报酬，可以协调所有者和经营者之间的契约关系；借款合同中以财务比率为基础的限制性条款，可以协调所有者和债权人之间的契约关系。《财务报告的未来模式》建议，改进后的财务报告应包括目标与相关战略计划表、资产负债表、收益表、利得表、现金流动表和未来展望表。在《财务报告的未来模式》中，还设计了新的资产负债表、收益表、利得表和现金流动表的格式。

1994 年，美国注册会计师协会（AICPA）所属的财务报告特别委员会（Jenkins Committee）在《改进企业报告——着眼于用户》（Improving Business Reporting—A Customer Focus）中，提出了一系列改进企业财务报告的具体建议。①区分核心活动和非核心活动。核心活动是指正常的和预期以后将继续发生的交易或事项，是持续经营活动，是管理当局无意停止或放弃的经营活动；非核心活动是指非正常的或不大可能再发生的交易或事项，或者管理当局已经表明要停止继续经营的活动。相应地，企业应在资产负债表中区分核心活动和非核心活动的资产和负债，在利润表中区分核心活动和非核心活动的盈利，在现金流量表中区分核心活动和非核心活动的现金流量。同时，要在附注中进行详细说明。核心活动信息具有更强的相关性和可比性，更有利于使用者作出正确决策。②关于计量。对于核心资产和负债，可以按混合计量属性计量，即各种计量属性并用；对非核心资产和负债，按公允价值计量。③披露非总计信息（分部信息）。公司应当报告营业分部的活动。如果设有地区分部，地区分部具有不同的风险和机遇，还应披露地区分部信息。如果不同产品或不同经营系统在风险和报酬上存在重大差别，也应把不同产品或不同经营系统作为分部进行信息披露。④其他披露。公司应对金融工具的确认和计量、资产负债表外的财务安排等做更充分的披露。⑤摘要信息。公司要分别以合并和行业分部为基础，选择性地提供财务和非财务数据摘要，包括销货边际收入百分比、核心盈利，以及有关财务状况的比例。根据使用者和报告主体的要求与可能，确定提供摘要信息的时期数一般不超过 5 年。⑥财务数据的重新表述。如果行业分布的定义发生了变化，会计政策发生了变更，或者出现了财产的处置和转让，财务数据应当重新表述和重新分类。⑦中期报告。至少每个季度要提供中期信息，季度报告必须包括季度现金流量表。中期报告应当提供未加合计的信息，而且必须同年度报告提供的信息始终保持一致。

（二）国内改进企业财务报告的设想

20世纪90年代以来，国内会计界对国外改进企业财务报告的研究成果进行了大量的介绍和分析，并结合中国实际，提出了大量的改进企业财务报告的设想或建议。下面列举部分专家的设想和建议。

（1）在以知识经济为标志的新时代，对企业财务报告加以改进势在必行。可行的策略是：第一，全面业绩报告。在传统财务会计中，确认资产的已实现收益，而那些由于市场价格或预期价格发生变化而引起的未实现收益不予以确认。“这种处理方法不仅使得收益表无法如实反映企业本期的全部收益，而且将未实现增值摒弃在收益计算之外，会使得计算缺乏逻辑上的一致性，导致以后出售资产所获得的收入与不相关的成本（费用）进行错误的配比。”而全面业绩包括已确认及已实现的净收益和已确认但未实现的其他利得及损失，“全面业绩报告对我国企业尤其是上市公司来说是一项非常重要的内容”。第二，充分揭示。“凡是为达到公正表达企业经济事项所必需的信息，均应完整提供并使用户易于理解。”对于知识资本、人力资源、衍生金融工具等不符合传统会计要素的定义与确认标准而不予重视的“表外项目”，可先绕过确认与计量，着重解决相关信息的披露问题，然后再研究解决确认与计量问题。第三，大众传播报告。“大众传播是指社会机构和个人利用信息媒介（如书籍、报刊、电视、广播等途径）向大量的、异类的和广为分布的读者、观众、听众传播和传输以符号表现的内容。”大众传播报告就是充分利用计算机和远程通信技术来传播会计信息。

（2）新技术革命所引起的社会环境的巨大变化向传统会计系统结构发起了强烈的挑战。会计数字对已实现财富的分配用途越来越弱化，而对未实现财富的决策用途则越来越重要，满足不同用途信息需求的会计系统应当是一个多“频道”的会计系统。学者薛云奎对未来会计提出了许多大胆的设想，认为未来财务报告有十大发展趋势。即从单一报表体系向多元报表体系转变，从重可靠性到可靠性与相关性并重，从历史成本到历史成本与公允价值并重，从主体信息到主体与关联信息并重，从有形资源到有形资源与技术资源并重，从表式信息到表式信息与图像化信息并重，从货币计量到货币与非货币计量并重，从绝对值信息揭示到绝对值与相对值信息揭示并重，从事后信息揭示到事后与事前信息揭示并重，从年度信息揭示到年度与日常信息揭示并重。

（3）以有形资产的计量和报告为核心的传统会计系统的价值不断下降，传统财务报告所提供的信息无法真实反映企业的价值，变革势在必行。否则，会计的作用以及会计职业本身将受到人们的普遍怀疑。知识经济下财务报告模式披露的信息将从传统的历史性、定量化的财务信息向定性化信息、前瞻性信息、非财务信息拓展，磁盘和光盘将取代纸张而成为财务报告的新载体，网络财务报告将成为财务报告生成与传输的新方式。葛家澍教授还对财务报告的改进提出了具体建议，主要有：第一，重视代表社会监督企业履行社会责任的公共机构的信息需求。“公共机构所需要的会计信息除了净收益以外，主要是一些关于人力资源（human resource）、公共贡献、环境贡献和产品及劳务贡献的会计信息。”第二，将资产负债表、损益表和现金流量表所披露的会计信息分为核心信息（core information）和非核心信息（non-core information）两部分。对于核心信息，注重其计量的可靠性；对于非核心信息，可以采用公允价值等计量属性。第三，改进财务业绩报表。推行全面收益表，反映一个企业的全部业绩。第四，注重披露各种表外融资方式的特征和风险。第五，在财务报表的补充资料中，披露企业物价变动的会计信息。第六，注重披露企业经营活动的主要特征、经营活动重大的不确定性和关于企业“软资产”（如人力资源）的信息。

（4）企业财务核心能力应成为现代企业财务报告的核心内容。财务核心能力报告应包括企业财务表现能力方面的信息、企业财务活动能力方面的信息、企业财务管理能力方面的信息三个方面。企业财务核心能力报告具有非完全会计信息、非完全历史信息、非完全货币信息、非完全主体信息、非完全定期信息、非完全规范信息、非完全有形信息等特点。

二、财务报告体系的改进方向

对现行财务报告体系加以改进时，一定要解决好继承与发展的问题，要改革与会计环境不相适宜的部分，进一步与国际会计准则接轨。总的来说，对报告体系的改进应是一种扬弃，主要包括以下几个方面。

（一）加强财务报告目标理论研究，为财务报告模式的改进提供坚实的基础

从本质上看，“经管责任观”和“决策有用观”两种目标之间并不存在根本的冲突，而是互相联系、互相补充的。我国财务报告目标应是两者的有机结合，既向报告使用者提供有助于决策的财务会计信息，又能用来作为评价企业管理者经济责任和社会责任履行情

况的尺度。财务报告作为企业正式对外信息交流的主要工具首先应为企业实现其目标服务。具体地说，财务报告应在不损害企业利益的基础上尽可能满足与企业相关的利益集团的信息需求，国家通过间接的方式进行宏观经济管理，其所需要的信息也可以通过经常性的抽样调查等间接方式获得。进一步淡化财务会计与管理会计报告内容的界限，未来两者融合的程度将会越来越大，即管理会计“外化”为财务会计的成分将增加，促使财务报告目标得以充分实现。

（二）进一步完善以三大财务报表为核心的报告体系

现行财务报告体系是以资产负债表、损益表和现金流量表为核心的单层报告模式。该模式是以财务报告为内容、资产报告为中心、财务报表为主要表现形式对企业的资产使用、已得收益、资金营运等财务信息进行确认、表述和披露。未来的财务报告应该着眼于用户，为他们提供在市场经济中与企业的发展、竞争能力、风险等一系列相关的财务信息。建议将这三张报表所披露的会计信息，分为核心信息和非核心信息两个部分。对于核心会计信息，应该更加注意其计量的可靠性；对于非核心会计信息，则可以相对地采取可靠性不如历史成本的计量属性，如公允价值等。尤其应该注意在财务报表中披露能够表明财务弹性、投资报酬和变现能力的相对值会计信息。

（三）丰富和规范财务报表表外信息披露的内容

在我国，表外信息的内涵很少有人进行专门的研究，基层单位及财会人员也不熟悉它的意义和披露方法。我国已经加入 WTO，要求会计改革尽快与国际惯例接轨，重视表外信息的作用，要完善相关的法规制度，有计划地规范不同企业表外信息的揭示方式，逐步加大报表附注中非财务信息和其他财务报告的披露力度，以满足报表使用者对决策有用信息的需求。通过旁注、脚注、附表等形式对基本报表的信息进行进一步的说明、补充或解释，以便帮助使用者理解和使用报表信息；鼓励企业编制财务情况说明书、预测报告、分部报告、全面收益报告、人力资源报告、管理当局的讨论与分析、差别报告、物价变动影响报告等，为信息用户的决策提供较强相关性的信息。

（四）变革财务报告的报告模式

随着我国融入经济全球化进程的加快，面对强大的外部竞争压力，迫使我国财务报告体系发生革命性变革。在计算机随机寄存功能的支持下，财务信息的日常揭示成为可能，不同期间的财务报表可以随机产生，通过事项法和建立实时报告系统，彻底解决财务信息滞后的问题，及时向投资者提供决策有用的多方位财务信息。另外，随着信息技术的普及应用，纸质财务报告的印刷与传递方式将被在网上发布信息取代，使用者通过 Internet 访问企业的数据库，借助计算机强大的信息处理能力，及时地获取并处理有关的信息。在信息的表达方式上，也将更多地运用图形与音像方式，使信息的表达更形象、更直观、更易于被使用者接受和理解。企业 ERP 系统的建立、完善及其与 Internet 的成功与合理的对接，是全面提升企业管理水平、实现财务报告改革的关键。

三、我国财务报告改进的可行建议

（一）适当拓展财务报告信息的披露内容

财务报告作为向使用者提供信息的工具，应该按照充分揭示原则，提供所有对用户的理解及决策有用的重要信息。与以往的会计环境相比，知识经济下，首先，应在现行财务报告的基础上，把人力资源的信息纳入其中，充分揭示人力资源价值的增减变动。同时增加对衍生金融工具的揭示，充分披露它的价值变动、报酬与风险的转移、潜在风险以及对财务报告的影响。其次，适当增加财务报表附注。因为会计报表表内确认要受到会计固有特点的约束，有些对信息使用者有用的信息，无法反映在表内。有些发达国家，会计报表附注远远超过会计报表所反映的信息量，而我国现行财务报表仍停留在以报表为主要内容的阶段。参照国际惯例，着眼于用户，因而要适当增加报表附注，增加对表外项目等不符合会计要素定义与确认标准的知识资本等非财务信息的披露。

（二）编制实时报告，提高财务报告的及时性

因为知识经济下企业面临的现实是产品生命周期不断缩短，衍生工具不断涌现，经营活动的不确定性日益显著，会计信息的决策有用期大大缩短。作为投资者，最关心的问题莫过于企业未来的前途是否乐观，从而预测未来的变化。按月、按年编制的传统财务报告在时效上已不能很好地满足报告使用者的需要，因此迫切需要建立一套能提供适时信息的财务报告制度，能同时满足定期报告作为财务成果分配的依据和实时报告作为决策的依据，实时报告应运而生。现代数字处理技术为由账户数据转化为财务报告数据的复杂运算过程提供了可能性，这种转化过程被编成算法程序，在会计人员账务处理完成的同时，计算机就可以自动生成报表。因此知识经济下，信息技术的发展，提高财务报告的及时性是

完全有可能的。

（三）改进信息披露方式，增强财务数据的可理解性

会计作为一门规范性很强的学科，拓展财务报告的模式，特别是披露大量表外信息，必须在政府出台会计准则加以规范的前提下进行，2006年新《会计准则》的颁布实施，无疑为我国的财务报告进一步适应新环境的需要提供了制度支持。

会计信息质量特征是以信息使用者对会计信息“有所理解或十分熟悉”作为假定前提的。而这一假定前提在市场经济发达国家具有较为普遍适用的基础，因为它们的会计信息使用者群体一般都具有良好的财务管理素质。而对我国的许多会计信息使用者尤其是企业家群体来说，会计信息可能只是一堆读不懂的数字。因而，知识经济下，利用先进的信息处理技术，改进信息披露方式，通过网络采取灵活的方式向信息使用者提供各类综合及明细的会计信息，以充分满足不同类型信息使用者在信息需求与使用上的差别与偏好。同时，可以增加一些对财务数据的分析数据，帮助信息使用者更好地理解财务报告所表达的信息。

（四）结合我国具体的经济环境，拓宽财务报表附注提供的信息量

由于传统计划经济的原因，我国会计报表附注现阶段主要侧重于对表内项目的解释，而对于表外企业未来的机会风险、表外融资方式、企业软资产以及自创商誉信息、履行社会责任等方面的信息披露太少，改进后的会计报表附注应包括这些内容，而重要事项的揭示应主要包括已承诺的事项、或有事项、期后事项和其他重要事项等。

（五）编制全面收益表，客观规范反映企业的经营成果

关于全面收益（comprehensive income）的概念，早在美国财务会计准则委员会（FASB）发布的《论财务会计的概念》第五辑中就给出了一个规范性的解释：“某一个体在报告期内，除与业主之间的交易外，由于一切原因所导致的权益增减的程度和途径。”

由于传统收益表体现了一种非常狭隘的经营成果观，排斥了其他未实现的价值增值，使得当期收益报告不全面，没有提供使用者经济决策所需要的全部信息。随着企业所面对的环境发生越来越大的变化，原来以历史成本原则和配比原则的传统会计的收益模式越来越受到各个方面的挑战。

从全世界范围看，全面收益报告的模式大致分为三种：两表式、单表式、权益变动

表。在此，笔者认为，对全面收益信息应当以使用者易于获得的方式报告，鉴于资本市场并不是充分有效，因此采取单一的财务业绩报表，即一张报表的方式，这样可以在实务中避免两种业绩报告——收益表和全面收益表。提供中间性指标来区分盈利和全面收益，按照持续经营划分盈利项目，详细列示全面收益总额及组成，报告每股全面收益和每股盈利，提供历史成本收益附注等。

（六）编制预测财务报告，并适当扩大非财务信息的披露

西方一些学者和实务界呼吁将企业预算纳入企业正式财务报告体系，以完整反映企业预测信息。虽然缺乏可靠性，但它毕竟能克服历史信息的不足，增强用户决策与评价的相关性。目前，我国只要求上市公司在招股说明书和上市公司公告书中公布盈利预测信息。当然，预测信息也要注意成本和效益，并加强规范和监督，提高规范性、准确性和及时性。由于预测性信息很大程度上是通过非财务信息来反映的，比如企业面临的机会和风险、有关股东和主要管理人员信息、背景信息、企业经营业绩信息、企业管理当局分析评价、前瞻性信息等都属于非财务信息，因此财务报告中应适当扩大非财务信息的披露，以满足报告使用者对预测信息的需求。

第四章 企业财务报告综合分析方法与改进——以杜邦财务分析体系为例

美国杜邦公司设计的财务分析体系是财务报告综合分析的世界性创举。杜邦财务分析体系是利用各个主要财务比率之间的内在联系，综合地分析评价企业财务状况和盈利能力的方法。它是一个以所有者权益收益率为龙头、以总资产收益率为核心的完整的财务指标分析体系。①

第一节 杜邦财务分析体系及其应用

一、杜邦财务分析体系的产生及含义

1910年，美国著名化学制品生产商杜邦公司为了考核集团下属企业的业绩，制定了一个以自有资金利润率为核心的财务比率考核体系。该体系出现后，迅速风靡全球，从最初的管理层用于企业内部考核，到投资者、债权人用于分析企业的经营绩效。因其最先为杜邦公司创造并成功应用，因而称为杜邦财务分析体系，又称杜邦分析法。20世纪后半叶，杜邦分析体系被介绍到中国，引起了中国会计界和大型企业的重视，其已被吸纳为各类财务管理及分析教材的内容，同时被广泛应用于企业财务综合分析的实践。

企业的各项财务活动、财务指标之间是相互联系、相互影响的，这就决定了对企业进行财务分析时应将其财务活动看成一个大的系统，对系统内各种因素进行综合分析。杜邦分析法就是利用财务指标之间的内在联系，建立财务分析指标体系，对企业的财务状况和

① 鲁务顺，史晓华. 财务报告编制与分析［M］. 北京：中国经济出版社，2013.

经营效益进行综合系统分析评价的方法。

杜邦财务分析体系最显著的特点是将若干个用以评价企业经营成果和财务状况的指标按其内在联系有机地结合在一起，形成一个完整的指标体系，并最终通过净资产收益率来综合反映。其基本思想是将企业净资产收益率逐级分解为多项财务比率的乘积，使财务比率的分析层次更清晰、条理更突出，为财务报告使用者全面了解企业的经营和盈利状况提供方便。

杜邦财务分析体系在企业的管理中发挥着巨大的作用，有助于企业管理者更加清晰地看到净资产收益率的驱动因素，以及销售净利率、总资产周转率、债务比率之间的相互关系，给管理者提供了一幅考察公司资产管理效率以及净资产投资回报是否最大化的明晰路线图。

杜邦分析法是一种分解财务比率的方法，而不是另外建立一套新的财务指标，其可用于各种财务比率的分解。分解后的财务指标之间关系更加清晰明了，便于指标之间关系的理解。[①]

二、杜邦分析体系的核心比率

净资产收益率是杜邦分析体系的核心比率，具有较高的可比性，适用于不同企业之间和企业不同时期的比较。在投资时，投资者总是倾向于投资报酬率高的行业和企业。当一个企业的净资产收益率时常高于其他企业时，市场竞争将促使企业净资产收益率回归平均水平。而当企业的净资产收益率低于其他企业时，也会因市场机制作用产生优胜劣汰，使净资产收益率回归平均水平。

净资产收益率之所以是杜邦分析体系的核心比率，不仅由于其是投资者分析的重点，也由于其具有很强的综合性和可分解性。基于财务比率之间的关系，净资产收益率通过分解可分为下列三个指标：销售净利率、总资产周转率和权益乘数。公式如下：

$$\text{净资产收益率} = \frac{\text{净利润}}{\text{股东权益}} = \frac{\text{净利润}}{\text{销售收入}} \times \frac{\text{销售收入}}{\text{总资产}} \times \frac{\text{总资产}}{\text{股东权益}}$$

$$\text{净资产收益率} = \text{销售净利率} \times \text{总资产周转率} \times \text{权益乘数}$$

这个公式也被称为杜邦等式。提高公式中的任何一个比率，净资产收益率都会提高。而总资产收益率=销售净利率×总资产周转率，故净资产收益率也可以表示为：

$$\text{净资产收益率} = \text{总资产收益率} \times \text{权益乘数}$$

① 刘柏霞，徐晓辉. 上市公司财务分析［M］. 沈阳：东北大学出版社，2002.

杜邦分析法在揭示上述关系后，再将销售净利率、总资产周转率和权益乘数层层分解，这样就可以全面、综合地揭示企业的财务状况以及各个财务比率之间的相互关系。

杜邦分析体系中的指标数值可以使用期末数计算，也可以使用年度平均数计算。若净资产收益率使用期末数或平均数计算，在之后计算使用的比率中，其资产都要使用期末数或平均数计算，与净资产收益率的计算口径应保持统一，使得各指标能按相互之间关系正确计算。

三、杜邦财务分析体系的构成机理

杜邦分析图，也可以称为杜邦分析体系的基本框架，如图 4-1 所示。

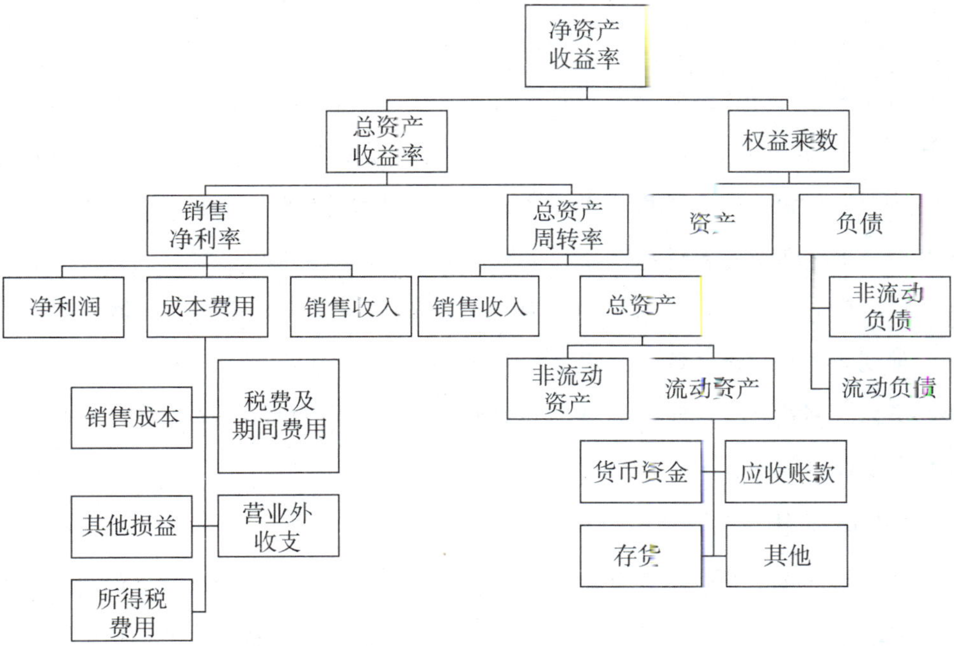

图 4-1　杜邦分析体系的基本框架

杜邦分析体系是一个多层次的财务比率分解体系。通过对各项财务比率的层层分解，全面了解它们之间的相互关系，并逐步覆盖企业经营活动的每个环节，以全面评价企业经营成果和财务状况。在杜邦分析体系中，有以下几种主要的指标关系。

（1）净资产收益率是整个分析体系的起点和核心。该指标的高低反映了投资者的净资产获利能力的大小。依照杜邦等式，净资产收益率是由销售净利率、总资产周转率和权益乘数决定的。

（2）权益乘数表明了企业财务杠杆的大小。该指标越大，企业的负债程度越高，财务杠杆也越高，企业财务风险越大。

（3）总资产收益率是销售净利率与总资产周转率的乘积，是对企业销售成果和资产运营的综合反映。提高总资产收益率有两种方法：一是增加销售收入；二是降低资金占用额。

（4）总资产周转率揭示了企业资产实现销售收入的综合能力。在进行分析时，要结合销售收入来分析企业资产结构的合理性，即流动资产和非流动资产的结构比例关系。同时，还要分析流动资产周转率、存货周转率、应收账款周转率等有关营运能力指标，以分析资产的使用效率，从而分析总资产周转率上下波动的真正原因。

（一）杜邦财务分析体系的构成指标

1. 权益净利率

权益净利率（即净资产收益率）是所有比率中综合性最强、最具代表性的一个指标。它是杜邦分析法的核心，其他各项指标都围绕这一核心，通过研究彼此间的相互依存和制约关系，从而揭示企业的获利能力及其前因后果。财务管理的目标是使所有者财富最大化，权益净利率反映所有者投入资金的获利能力，反映企业筹资、投资、资产运营等活动的效率，提高权益净利率是实现财务管理目标的基本保证。该指标的高低取决于经营效率、资产管理效率和财务杠杆度。如果公司的权益净利率不理想，理财人员可通过对销售净利率、总资产周转率和权益乘数这三个财务比率进行纵向和横向比较，找出其中原因，并制定和采取改进措施。

2. 销售净利率

销售净利率反映了企业税后净利润与企业销售收入的关系。就此意义而言，提高销售净利率是提高企业盈利能力的关键所在。销售利润的提高，一要靠扩大销售收入，二要靠降低成本费用。降低各项成本开支也是企业财务管理的一项重要内容。

3. 资产周转率

资产周转率是反映企业运用资产以产生销售收入能力的指标。对资产周转率的分析，需对影响资产周转的各因素进行分析。除了对资产的各构成部分从占用量上是否合理进行分析外，还可以通过对流动资产周转率、存货周转率、应收账款周转率等有关各资产组成部分管理效率的分析，判断影响资产周转的主要问题出在哪里。

4. 权益乘数

权益乘数主要受资产负债比率的影响。负债比例大，权益乘数就高，说明企业有较高的负债程度、给企业带来了较多的杠杆利益，同时也给企业带来了较多的风险。

5. 资产净利率

资产净利率也是一个重要的财务比率指标，综合性也较强。它是销售净利率和资产周转率两者的乘积，因此，要进一步从销售成果和资产运营两方面来分析。

通过杜邦财务分析体系，不仅可从企业销售规模、成本水平、资产营运、资本结构方面分析权益净利率增减变动的原因，而且可协调企业资本经营、资产经营和商品经营关系，促使权益净利率达到最大化，从而实现财务管理目标。

（二）全面直观反映净资产收益率的影响因素

通过对杜邦财务分析体系进一步深入分析，可以揭示净资产收益率这一综合指标升降变动的原因及趋势。通过自上而下和从总体到局部的分析，全面、直观地反映了净资产收益率的影响因素。

1. 净资产收益率的高低与销售净利率有关

销售净利率的高低主要取决于销售收入和成本费用的大小，因而这个指标可以进一步分解为销售毛利率、销售成本率、销售期间费用率和销售税金率。深层次的指标分解可以定量地揭示出销售净利率变动原因（如售价、销售数量、成本费用的高低等），进而分析投入付出与产出回报的关系，从而为企业的决策提供服务。

2. 净资产收益率的高低与资产管理的好坏密切相关

企业资产管理的好坏既影响到企业的获利能力，又影响到企业的偿债能力，进而综合体现为影响企业的净资产收益率。一般而言，企业的流动资产直接体现了其偿债能力和变现能力；企业的非流动资产体现了其经营规模和发展潜力。两者之间应该有着一个合理的结构比率，如果企业持有的现金超过其业务需要，就有可能影响到企业的获利能力；如果企业占用过多的存货和应收账款，既要影响其获利能力，又要影响其偿债能力。

3. 净资产收益率的高低与企业的资本结构有关

净资产收益率揭示了适度合理的负债经营对企业盈利的重要性。合理、稳定的资本结构是企业健康、稳妥发展的基本要求，但在资产总额不变的情况下，适度、有效地增加举债额度能使企业获得财务杠杆利益。

通过以上的分解剖析，可以在了解企业整体表现的基础上，探究指标变化的深层次原因。在此基础上，还可以建立一个更具体、更全面的杜邦财务分析模式，如图 4-2 所示。

从图4–2中可以发现，企业的三种经营方式（资本经营、资产经营与商品经营）都会影响到权益净利率，这三个方面也反映了企业管理的主要内容。图4–2的最左栏是影响权益净利率的基本驱动因素，如影响企业盈利能力（销售净利率）的要素为销售收入、成本费用及所得税；而定价条件、竞争者行为、市场潜力以及供货条件、劳动力市场、所需成本又是其基本影响因素。对这些指标追根溯源可以发现影响企业财务状况的根本原因。

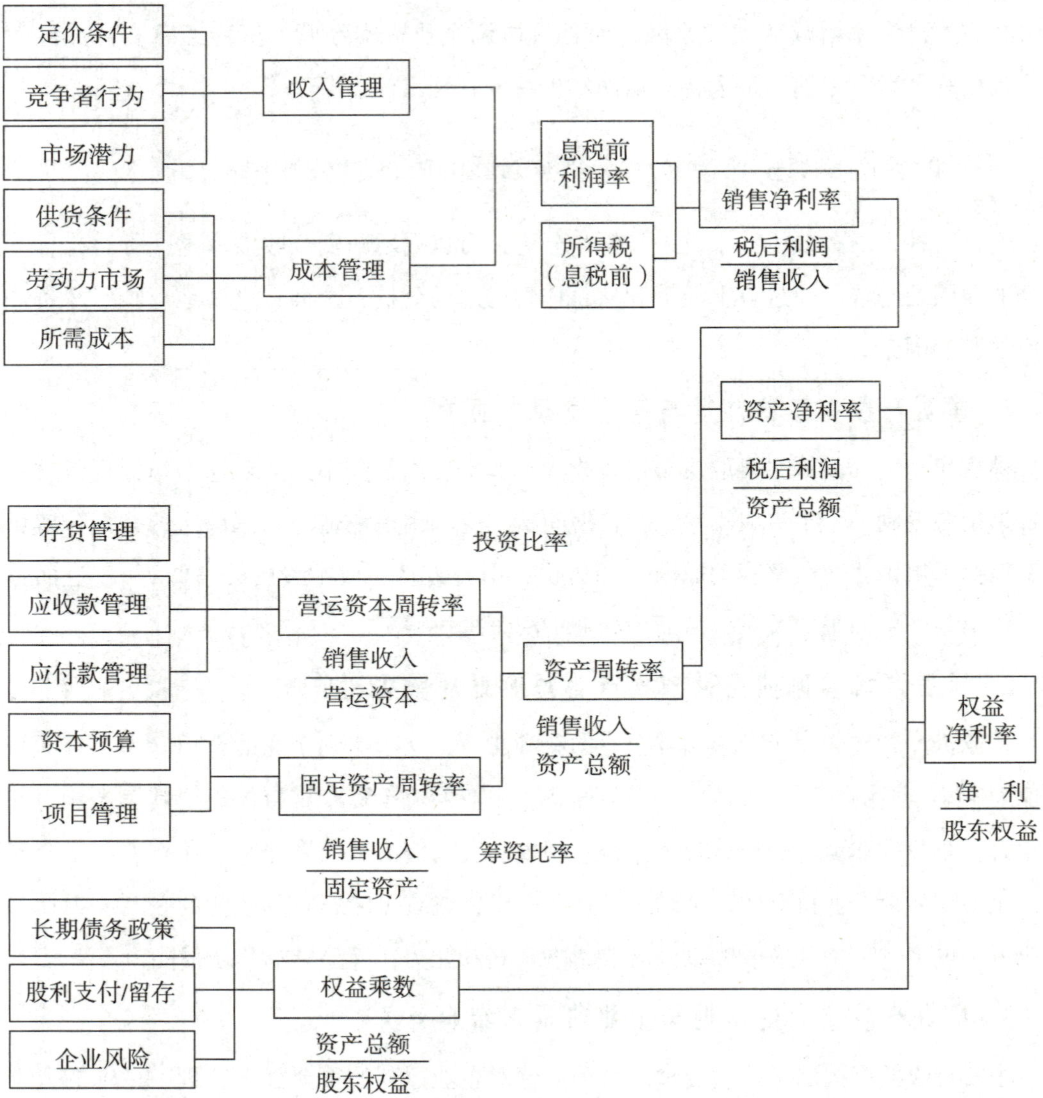

图4–2 全面的杜邦财务分析模式

四、杜邦财务分析体系的分析思路

杜邦财务分析体系的作用是揭示指标变动的原因和变动趋势，为企业指明整改措施的具体方向。应用杜邦财务分析体系进行分析的基本思路如下。

第一，净资产收益率也称权益报酬率，通过研究其与其他指标之间的依存与制约关系，进而揭示企业的盈利能力及变动原因。

净资产收益率反映的是企业所有者权益的投资报酬率，即企业所有者投入资本的盈利能力。企业筹资、投资、资产营运等管理活动的效率，是投资者最关心的问题。决定净资产收益率高低的两个方面是总资产收益率和权益乘数，还可分解为营业净利率、总资产周转率和权益乘数三个指标。通过这样的分解，将净资产收益率变动的原因具体化，定量说明企业经营管理中存在的问题。

第二，总资产收益率是反映企业盈利能力的一项重要的财务指标，它揭示了企业生产经营活动的效率，综合性也极强。总资产收益率是营业净利率与总资产周转率的乘积，其增长或下降取决于营业净利率和总资产周转率的高低。

企业的营业收入、成本费用、资产结构、资产周转速度以及资金占用量等各种因素都直接影响了总资产收益率的高低。总资产周转率反映了总资产的周转速度，对影响总资产周转率的各项因素进行分析，可以判明影响企业总资产周转速度的主要问题在哪里。营业净利率反映了营业收入的水平。扩大主营业务收入、降低成本费用是提高企业营业净利率的根本途径，而扩大销售也是提高总资产周转率的必要条件和途径。

因此，我们可以从企业的主营业务活动与资产营运两个方面来分析总资产收益率。

企业资产的营运能力，主要应分析以下三个方面内容：第一，分析企业的资产结构是否合理，即流动资产与非流动资产的比例是否合理。一般来说，如果企业流动资产中货币资金所占比重过大，就应当分析企业现金持有量是否合理，有无现金闲置现象；如果流动资产中的存货与应收账款过多，就会占用大量的资金，从而影响企业资金的周转。第二，结合主营业务收入分析企业的资金周转情况。如果企业资产周转速度较慢，就会占用大量资金，增加资金成本，减少企业的利润。对企业周转情况的分析要从企业总资产周转率、企业存货周转率与应收账款周转率几个方面进行，并将其周转情况与资金占用情况进行结合分析。第三，权益乘数表示企业的负债程度，它直观地反映了企业每拥有1元自有资金所能扩展出来的资产规模，也反映了企业利用财务杠杆进行经营活动的程度。

权益乘数的分析要联系企业的营业收入指标，分析企业的资产使用是否合理；还要联系权益结构，分析企业的偿债能力。在资产总额不变的条件下，适度负债经营，相对减少所有者权益的占用额，可以提高净资产收益率。

第二节　传统的杜邦分析体系

杜邦分析体系指根据各主要财务比率指标之间的内在联系，建立财务分析指标体系，综合分析企业财务状况的方法。它的核心指标是净资产收益率。它由反映企业盈利状况、财务状况和营运状况的比率有机结合而成，共同组成一个完整的指标体系。①第一层次：权益净利率=总资产净利率×权益乘数，该层次反映的是企业资产盈利能力和偿债能力；②第二层次：净资产收益率=营业净利率×总资产周转率×权益乘数，该层次反映的是企业的盈利能力、营运能力和偿债能力。其指标体系如图 4-6 所示。

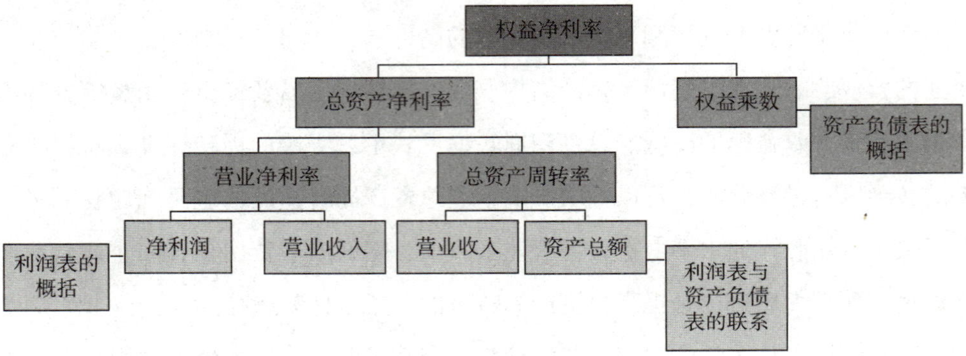

图 4-6　传统的杜邦分析体系图

一、传统的杜邦分析体系的基本框架

传统的杜邦分析体系的基本框架如表 4-1 所示。

表 4-1　传统的杜邦分析体系的基本框架

反映的内容	利用的指标	可采用的模式	解释
经营战略	营业净利率；总资产周转率	（1）高盈利、低周转 （2）低盈利、高周转	仅从营业净利率的高低无法判别企业经营业绩的好坏，应该结合总资产周转率考察企业经营战略，真正需要重视的是两者共同作用而得到的总资产周转率

续表

反映的内容	利用的指标	可采用的模式	解释
财务政策	权益乘数（财务杠杆）	（1）低经营风险、高财务杠杆 （2）高经营风险、低财务杠杆	在总资产周转率不变的情况下，提高财务杠杆会提高权益净利率，但同时会增加财务风险。如何配置财务杠杆是企业最重要的财务政策。总资产净利率与财务杠杆共同决定了企业的权益净利率，企业必须使其经营战略和财务政策相匹配

二、传统的杜邦财务分析体系的优缺点

传统的杜邦财务分析体系的优缺点如表4-2所示。

表4-2　传统的杜邦财务分析的优缺点对比

优点	缺点
（1）找到一个衡量企业优劣的优良指标——权益净利率，即股东每投入一元资本在一年里能赚取的利润，这个数值越高越好 （2）寻找权益净利率的驱动因素，通过杜邦公式能够轻易地分清企业的优势和劣势，能够找出股东回报率低的原因，然后"对症下药"	（1）计算总资产净利率的"总资产"与"净利润"不匹配，即分母中的总资产是全部资产提供者（包括股东和债权人）享有的权利；净利润是专门属于股东的。投入产出不相配比，无法反映实际的回报率 （2）没有区分经营活动损益和金融活动损益。正确计量基本盈利能力的前提是区分经营资产和金融资产，区分经营收益与金融收益费用 （3）没有区分金融负债与经营负债。负债的成本（利息支出）仅仅是金融负债的成本，而经营负债是无息负债

三、杜邦分析体系的意义和局限性

杜邦分析体系是一种综合的财务分析方法，它的使用对企业的财务分析具有重大意义。但是，杜邦分析体系只包括了财务方面的信息，不能全面反映企业的实际情况，也存在某些局限性。

（一）杜邦分析体系的意义

1. 有助于企业财务管理目标的实现

企业的财务管理目标是股东财富最大化，净资产收益率是反映股东财富增值水平最为

敏感的内部财务指标。净资产收益率的增长有助于股东财富的增加，实现股东的投资价值，满足其获取利润的预期。因此，将净资产收益率作为杜邦分析体系的核心指标有助于财务管理目标的实现。

2. 有利于委托代理关系的和谐

委托代理关系，是指投资者与管理者之间的权、责、利关系。由于存在委托代理关系，委托人和代理人之间就必然会发生一定程度的委托代理冲突。为了降低委托代理成本和缓解委托代理冲突，委托人和代理人之间就会建立有效的机制以实现双方的共赢。此时，经营管理者不得不关注委托人所关注的净资产收益率这一指标，并努力提升这一比率。因此，将净资产收益率作为核心指标的杜邦分析体系有利于委托代理关系的和谐。

（二）杜邦分析体系的局限性

由于杜邦分析体系只包括财务方面的信息，从企业绩效评价角度来说，杜邦分析体系所进行的分析仍然是片面的，必须结合企业的其他信息加以分析。杜邦分析体系的局限性主要表现在以下方面。

（1）杜邦财务分析体系没有包含资产成本这一重要因素。倘若企业在经营过程中仅仅以净利润作为衡量股东财富的标准，而忽视资产成本的存在，就会导致企业为追求短期利润而盲目投资，给企业的长期发展带来不利影响。

（2）净资产收益率指标单一。单纯用净资产收益率这一指标来反映企业经营者的运营能力，往往会导致经营者为追求企业的高利润、社会的高评价而作出错误的投资决策，使企业在净资产收益率增长的情况下其实际利益却受到损害。

（3）无法有效满足企业加强内部管理的需要。一方面，杜邦分析法主要是利用净资产收益率、总资产收益率、权益乘数等主要财务指标间的关系综合分析企业的财务状况。这些资料主要来源于企业过去的财务报表，实际上是利用过去的财务资料对企业过去的财务状况进行分析。另一方面，该方法所用的资料主要来源于财务报表，未能充分利用成本分析数据、风险分析数据等管理会计的资料，不利于企业加强内部控制。

（4）未能反映企业的经营风险及财务风险。在当前市场竞争越来越激烈的情况下，风险分析更加需要引起重视。

（5）不能反映上市公司的经济技术指标，如股东权益、每股净资产、合并利润表中的“少数股东本期收益”项目等。在现有杜邦财务分析体系中，以净资产收益率为核心指标存在一些问题，它不完全符合上市公司股东财富最大化的要求。股东财富最大化是对企业未来价值的认可，考虑了时间价值和风险因素，而净资产收益率是权责发生制下的财务报表的反映，不能完全衡量股东价值。

（6）现有杜邦财务分析体系所采用的数据都来自资产负债表、利润表、所有者权益变动表，没有反映企业的现金流量。在实际中，现金流量对于一个企业的经营活动是否顺畅至关重要，现金流量信息是财务分析者对企业的财务状况作出准确判断的重要依据。

（7）杜邦分析体系由于分析短期内的财务比率，造成对短期财务结果的过分重视，在绩效评价的压力下，使得公司管理层很有可能进行短期财务管理行为，如盈余管理，从而忽视对企业长期价值的创造和挖掘。

（8）财务指标反映的是企业过去的经营业绩，且分析数据来自财务报表。在现代市场竞争中，顾客、供应商、雇员和技术创新等因素对企业经营业绩和企业价值的影响越来越大，而杜邦分析体系并不能充分考虑这些表外因素。

综上所述，杜邦分析体系是以净资产收益率为核心，通过层层分解，结合企业销售成果和资产运营情况进行分析，从而形成一个综合的财务分析方法。这种综合的财务分析方法要求协调好系统内部各个因素之间的关系，使得净资产收益率得到提高。杜邦分析法对企业的财务管理有着重大的意义，同时，杜邦分析法也存在一些不足，需要对其加以改进，以减弱其局限性。

第三节　对传统杜邦分析体系的改进

一、改进的杜邦财务分析体系主要概念

为了弥补传统杜邦财务分析体系的不足，改进杜邦财务分析体系，就需要将资产、负债和收益进行重分类，分为经营性资产和金融性资产。主要概念如表 4-3 所示。

表 4-3　改进的杜邦财务分析体系的主要概念

基本等式	基本概念	
资产负债表	净经营资产＝净金融负债+股东权益 其中： 净经营资产＝经营资产−经营负债 净金融负债＝金融负债−金融资产	（1）区分经营资产和金融资产的主要标志是有无利息，如果能够取得利息，则列为金融资产；否则列为经营资产 （2）区别经营负债和金融负债的一般标准是有无利息的要求，若应付项目的大部分是无息的，将其列为经营负债；若为有息的，则列为金融负债

续表

基本等式	基本概念	
利润表	净利润=经营利润-净利息费用 其中： 经营利润=息税前经营利润×（1-所得税率） 净利息费用=利息费用×（1-所得税率）	（1）金融活动的损益是净利息费用，即利息收入的净额。除金融活动以外的损益，全部视为经营活动损益 （2）经营活动损益主要包括经营利润、其他营业利润和营业外收支。营业利润等于销售收入减去销售成本及有关的期间费用，是具有持续性和预测性的收益；其他营业利润包括资产减值、公允价值变动和投资收益，它们的持续性不易判定；营业外收支不具有持续性，没有预测价值 （3）法定利润表的所得税是统一扣除的。为了便于分析，需要将其分摊给经营利润和利息费用

二、与传统分析体系的区别

（一）区分经营资产和金融资产

经营资产是指用于生产经营活动的资产。与总资产相比，它不包括没有被用于生产经营活动的金融资产。严格说来，保持一定数额的现金是生产经营活动所必需的，但是外部分析人无法区分哪些金融资产是必需的，哪些是投资的剩余，为了简化都将其列入金融资产，视为未投入运营的资产。应收项目大部分是无息的，将其列入经营资产。区分经营资产和金融资产的主要标志是有无利息，如果能够取得利息则列为金融资产。例如，短期应收票据如果以市场利率计息，就属于金融资产，否则应归入经营资产，它们只是促进销售的手段。只有短期权益性投资是个例外，它是暂时利用多余现金的一种手段，所以是金融资产，应以市价计价。至于长期权益性投资，则属于经营资产。

（二）区分经营负债和金融负债

经营负债是指在生产经营中形成的短期和长期无息负债。这些负债不要求利息回报，是伴随经营活动出现的，而非金融活动的结果。金融负债是公司筹资活动形成的有息负债。划分经营负债与金融负债的一般标准是有无利息要求。应付项目的大部分是无息的，故将其列入经营负债；如果是有息的，则属于金融活动，应列为金融负债。

（三）区分经营活动损益和金融活动损益

金融活动损益是净利息费用，即利息收支的净额。金融活动收益和成本，不应列入经营活动损益，两者应加以区分。利息支出包括借款和其他有息负债的利息。从理论上说，利息支出应包括会计上已经资本化的利息，但是实务上很难这样去处理，因为分析时找不到有关的数据。资本化利息不但计入了资产成本，而且通过折旧的形式列入费用。如果没有债权投资利息收入，则可以用“财务费用”作为税前“利息费用”的估计值。金融活动损益以外的损益，全部视为经营活动损益。经营活动损益与金融活动损益的划分，应与资产负债表对经营资产和金融资产的划分保持对应。

（四）经营活动损益内部进一步区分为主要经营利润、其他营业利润和营业外收支

主要经营利润是指企业日常活动产生的利润，它等于销售收入减去销售成本及有关的期间费用，是最具持续性和预测性的收益；其他营业利润，包括资产减值、公允价值变动和投资收益，它们的持续性不易判定，但肯定低于主要经营利润；营业外收支不具有持续性，没有预测价值。这样的区分，有利于评价企业的盈利能力。

（五）法定利润表的所得税是统一扣除的

为了便于分析，需要将其分摊给经营利润和利息费用。分摊的简便方法是根据实际的所得税税率比例分摊。严格的办法是分别根据适用的税率计算应负担的所得税。

三、传统杜邦财务分析体系应用中的改进

尽管杜邦财务分析体系通过层层分解财务比率指标，能更清晰地反映影响权益净利率的各种因素及其内在联系，揭示企业生产运营、投资、筹资等方面的经营效率，但如上所述，其在应用中存在诸多不足。因此，为了让杜邦财务分析体系更好地帮助企业财务进行综合分析，必须对传统的杜邦财务分析体系进行改进。当前，财务学者主要从增加现金流量指标、考虑企业的增长以及企业的价值三方面改进与发展了杜邦财务分析体系。

（一）增加现金流量指标的杜邦财务分析体系

现金流量是指企业在一定会计期间按照现金收付实现制通过一定经济活动（包括经营

活动、投资活动、筹资活动和非经常性项目）而产生的现金流入、现金流出及其总量情况的总称。杜邦财务分析体系是以企业的净利润及净资产收益率为核心指标，摆脱不了应计制的局限性，不利于真实反映企业的盈利水平及盈余质量。因此，在企业传统的财务分析指标体系中引入现金流量指标和构建新的财务指标体系可以让更多的经济工作者了解现金流量指标的实用性、真实性，更注重及推广现金流量的分析；帮助企业投资者正确评价企业，作出正确的购买、持有、抛售公司股票的投资决策；帮助企业债权人获得企业真实的财务状况，作出正确的信贷决策，如图 4-7 所示。

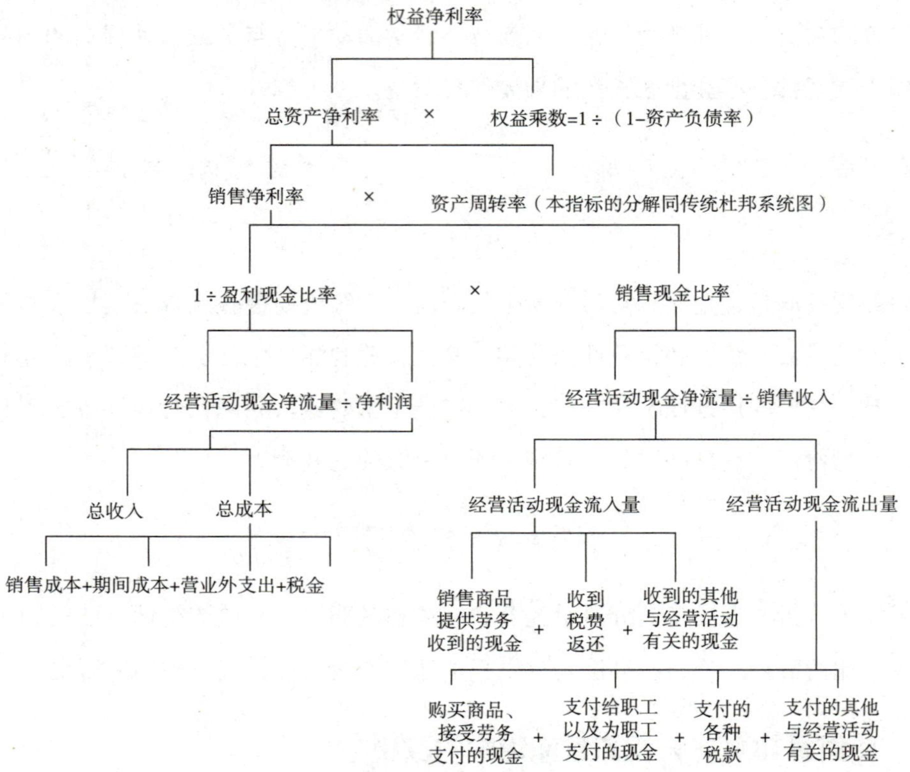

图 4-7　增加现金流量指标的杜邦财务分析体系

主要财务指标计算公式如下：

每股收益=净利润/年度末普通股股份总数

净资产收益率=净利润/年度末股东权益

每股净资产=年度末股东权益/年度末普通股股份总数

资产利润率=净利润/［（年度初总资产+年度末总资产）/2］

（二）可持续增长的杜邦财务分析体系

企业财务的目标是资本增值最大化。资本增值最大化离不开企业的持续增长，而持续增长必须以盈利能力为基础，盈利能力又受到营运能力和财务杠杆等的影响。因此，将企业的增长能力、盈利能力、营运能力和偿债能力进行综合分析是十分必要的。

美国哈佛大学教授帕利普等在其所著的《企业分析》一书中，将财务分析体系或称为帕利普财务分析体系，界定为以下几种关系式。

$$\text{可持续增长比率}=\text{净资产收益率}\times\left(1-\frac{\text{支付现金股利}}{\text{净利润}}\right)$$

$$\text{净资产收益率}=\frac{\text{净利润}}{\text{净资产}}\times\frac{\text{净利润}}{\text{销售收入}}\times\frac{\text{销售收入}}{\text{总资产}}\times\frac{\text{总资产}}{\text{净资产}}$$

$$=\text{销售利润率}\times\text{总资产周转率}\times\text{财务杠杆作用}$$

（1）与销售利润率相关的指标有销售收入成本率、销售毛利率、销售收入期间费用率、销售收入研发费用率、销售净利润率、销售收入非营业损失率、销售息税前利润率、销售税费率。

（2）与总资产周转率相关的指标有流动资产周转率、营运资金周转率、固定资产周转率、应收账款周转率、应付账款周转率、存货周转率等。

（3）与财务杠杆作用相关的指标有流动比率、速动比率、现金比率、负债与权益比率、负债与资本比率、负债与资产比率、以收入为基础的利息保障倍数、以现金流量为基础的利息保障倍数等。

帕利普财务分析体系也可用图 4-8 表示如下。

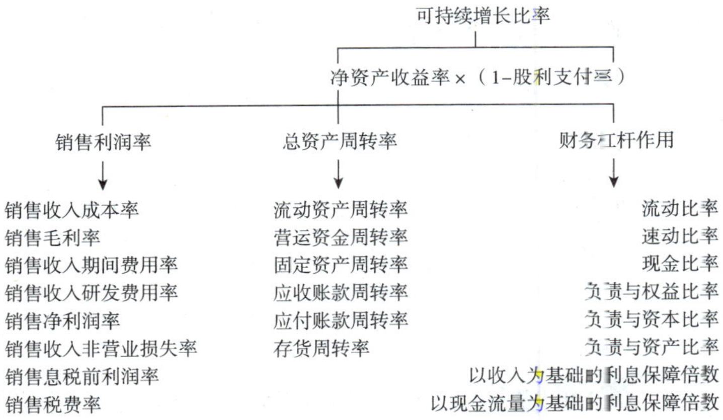

图 4-8 帕利普财务分析体系

（三）市场价值的杜邦财务分析体系

一个盈利性企业的财务业绩受四个方面影响：①财务性的经营业绩，即盈利能力；②资产利用，即资产管理效率；③资金管理，即现金流量状况和偿债能力；④市场期望，这决定于与其他企业比较业绩时如何对财务市场进行评价。因而就在杜邦财务分析体系上，形成了以市场价值为核心指标的财务综合分析与评价体系（也称为汉密尔顿财务分析体系）。

汉密尔顿财务分析体系及其关系如图 4-9 所示。

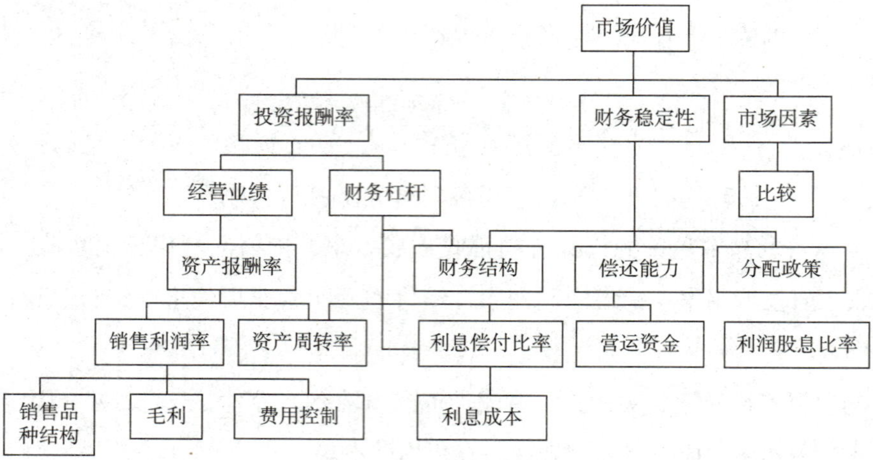

图 4-9　汉密尔顿财务分析体系

从图 4-9 中可以看出，市场价值取决于投资报酬率（即净资产收益率）、财务稳定性和市场因素。其中，图 4-9 左栏（净资产收益率体系）即传统的杜邦财务分析体系。图 4-9 中栏财务稳定性子系统又由财务结构（负债比率）、偿还能力和分配政策所决定；偿还能力又由资产变现能力，包括营运资本、流动比率、速动比率、应收账款周转率、存货周转率及债务保障比率（利息保障倍数、利息成本）所组成；分配政策主要体现股利保障率（净利减去优先股股利后除以普通股股利）。图 4-9 右栏市场因素又由市盈率（每股市价除以每股收益）与股利收益率（每股股利除以每股市价）所组成，而每股收益、每股股利以及市场风险、市场标准共同组成每股市价的决定因素。

第四节　改进后的杜邦分析体系在实践中的应用

以万科地产为例。万科，全称为万科企业股份有限公司，于 1984 年 5 月成立，是目前中国最大的专业住宅开发企业之一。万科 1988 年进入房地产行业，1993 年将大众住宅开发确定为公司核心业务，是首批公开上市的企业之一，目前同时在 A 股和 H 股上市。

经过30多年的发展，目前业务覆盖珠三角、长三角、环渤海三大城市经济圈以及中西部地区，共计53个大中城市。近三年来，销售规模持续居全球同行业首位。

一、万科地产财务数据资料

基于改进的杜邦分析体系，在此主要以万科地产2010—2012年的财务报表数据，同时结合趋势分析法和因素分析法对万科地产的财务状况和经营成果进行综合分析。

根据深圳证券交易所万科地产2010—2012年分别公布的资产负债表，在调整经营资产和经营负债之后，经过计算得到万科地产调整后的资产负债表的部分数据资料如表4-4所示。根据其公布的利润表，在区分经营损益和金融损益之后，经过计算得到万科地产调整后的利润表的部分数据资料如表4-5所示。

表4-4 万科地产2010—2012年调整后的资产负债表部分数据 单位：元

项目	2010年	2011年	2012年
经营资产	215 232 788 141.83	295 767 178 460.05	378 796 851 475.37
经营负债	113 513 156 518.69	177 693 926 141.39	223 974 541 320.27
净经营资产	101 719 631 623.14	118 073 252 318.66	154 822 310 155.10
金融负债	47 538 195 580.73	50 681 975 341.63	72 263 878 767.00
金融资产	404 763 600.00	441 261 570.00	4 763 600.00
净负债	47 133 431 980.73	50 240 713 771.63	72 264 115 167.00
股东权益	54 586 199 642.41	67 832 538 547.03	82 138 194 988.10

表4-5 万科地产2010—2012年调整后的利润表部分数据 单位:元

项目	2010年	2011年	2012年
销售收入	50 713 851 442.63	71 782 749 800.68	103 116 245 136.42
税前经营利润	11 336 245 268.55	15 298 056 732.46	20 330 348 246.39
经营利润所得税	2 944 022 896.24	4 070 812 896.51	5 216 767 360.23
税后经营净利润	8 392 222 372.31	11 227 243 835.95	15 113 580 886.16
利息费用	604 507 310.47	507 825 687.86	739 836 891.72
利息费用抵税	156 990 548.53	135 132 415.54	189 842 145.42
税后利息费用	447 516 761.94	372 693 272.32	549 994 745.30
平均所得税税率	25.97%	26.61%	25.66%

根据表4-4和表4-5的数据,可以计算出改进的杜邦分析体系的主要指标数据,如表4-6所示。

从表4-6中的数据可以发现,万科地产的权益净利率从2010年的14.55%上升到2012年的16.80%,呈不断上升的趋势,说明企业为股东创造的回报在提高,即企业的盈利能力是不断增强的。而影响权益净利率的主要驱动因素为净经营资产净利率、税后利息率和净财务杠杆,因此可以采用因素分析法来测定各个影响因素对万科地产权益净利率变动的影响程度,并且能够分析导致这种影响存在的具体原因。

表4-6　改进的杜邦分析体系的主要指标数据

主要财务比率	2010年	2011年	变动	2012年	变动
税后经营净利率 (税后经营净利润/销售收入)	16.55%	15.64%	-0.91%	14.66%	-0.98%
净经营资产周转次数 (销售收入/净经营资产)	0.4986	0.6080	0.1094	0.6660	0.0580
净经营资产净利率 (税后经营净利润/净经营资产)	8.25%	9.51%	1.26%	9.76%	0.25%
税后利息率 (税后利息费用/净负债)	0.959%	0.74%	-0.219%	0.76%	0.02%
经营差异率 (净经营资产净利率-税后利息率)	7.30%	8.77%	1.47%	9.00%	0.23%
净财务杠杆 (净负债/股东权益)	0.8635	0.7407	-0.1228	0.8799	0.1392
杠杆贡献率 (经营差异率×净财务杠杆)	6.30%	6.50%	0.20%	7.04%	0.54%
权益净利率 (净经营资产净利率+杠杆贡献率)	14.55%	16.01%	1.46%	16.80%	0.79%

二、万科地产财务数据的因素分析

因素分析法，又称连环替代法，是将财务指标分解为各个可以计量的因素，并根据各个因素的相互关系，顺次用各因素的比较值替代基准值，据以测定各因素对分析指标的影响程度的一种方法。从连环替代可以分别得到2010年与2011年的计算过程如表4-7所示，以及2011年与2012年的计算过程如表4-8所示。

表 4-7 2010 年与 2011 年连环替代法的计算

影响因素	净经营资产净利率	税后利息率	经营差异率	净财务杠杆	杠杆贡献率	权益净利率	变动影响
2010 年权益净利率	8.25%	0.95%	7.30%	0.8635	6.30%	14.55%	
净经营资产净利率变动	9.51%	0.95%	8.56%	0.8635	7.39%	16.90%	2.35%
税后利息率变动	9.51%	0.74%	8.77%	0.8635	7.57%	17.08%	0.18%
净财务杠杆变动	9.51%	0.74%	8.77%	0.7407	6.50%	16.01%	-1.07%

表 4-8 2011 年与 2012 年连环替代法的计算

影响因素	净经营资产净利率	税后利息率	经营差异率	净财务杠杆	杠杆贡献率	权益净利率	变动影响
2011 年权益净利率	9.51%	0.74%	8.77%	0.7407	6.50%	16.01%	
净经营资产净利率变动	9.76%	0.74%	9.02%	0.7407	6.68%	16.44%	0.43%
税后利息率变动	9.76%	0.76%	9.00%	0.7407	6.67%	16.43%	-0.01%
净财务杠杆变动	9.76%	0.76%	9.00%	0.8799	7.92%	17.68%	1.25%

利用连环替代法对各指标的影响分析，根据上述计算结果可得出如下结论。

2010 年与 2011 年：净经营资产净利率的提高使得权益净利率上升了 2.35%，税后利息率的下降使得权益净利率上升了 0.18%，净财务杠杆的降低使得权益净利率下降了 1.07%。因此，在三个驱动因素的共同作用下，2011 年的权益净利率相对于 2010 年上升了1.46%。

2011 年与 2012 年：净经营资产净利率的提高使得权益净利率上升了 0.43%，税后利息率的上升使得权益净利率下降了 0.01%，净财务杠杆的上升使得权益净利率上升了 1.25%。因此，在三个驱动因素的共同作用下，2012 年的权益净利率相对于 2011 年上升了 0.79%。

三、万科地产主要财务指标分析

利用连环替代法对影响万科权益净利率的驱动因素进行详细分析，不仅可以全面了解万科地产的财务状况和经营成果，而且能够发现企业在发展过程中存在的问题，从而提出一些改进意见。

（一）净经营资产净利率

净经营资产净利率反映了企业单位净经营资产所获得的利润，体现了每单位经营资产投入所获得的产出。从表 4-6 可以看出，万科地产的净经营资产净利率从 2010 年到 2012 年一直处于上升趋势，从表 4-7 和表 4-8 可以进一步发现，正是由于净经营资产净利率的持续上升影响了权益净利率，使得权益净利率 2011 年上升了 2.35%，2012 年继续上升了 0.43%。由此表明，万科地产经营活动的获利能力是不断增强的。虽然近几年房地产行业不太景气，但房地产行业的盈利能力还是依旧保持在较稳定的水平，盈利能力较强。而这也进一步说明了房地产行业是一个利润相当高的行业，这也是吸引很多企业将业务范围向其扩张的主要原因。净经营资产净利率又可以进一步分解为税后经营净利率和净经营资产周转率的乘积，下面从这两个方面加以分析。

税后经营净利率，反映了企业每 1 元的销售收入真正为公司带来的利润。从表 4-6 可以发现，万科地产近三年的税后经营净利率是不断下降的，而下降的原因主要是由改进后的利润表中的项目变动引起的。如表 4-9 反映了万科地产改进后的利润表主要成本费用的结构变动数据。从数据对比可以看出，税后经营净利率的不断下降主要是由于万科地产的营业成本的不断提高，由 2010 年的 59.03% 提高到 2012 年的 63.44%，而销售费用和管理费用近三年均呈小幅度不断下降的趋势。这表明企业对于销售费用及管理费用的控制能力有所增强，但是对于影响因素最大的营业成本，由于内部管理的不完善，对于成本支出水平的控制能力有所下降。

表 4-9　各项成本费用占销售收入的百分比　　单位：元

项目	2010 年		2011 年		2012 年	
销售收入	50 713 851 442.63	100%	71 782 749 800.68	100%	103 116 245 136.42	100%
营业成本	30 073 495 231.18	59.03%	43 228 163 602.13	60.22%	65 421 614 348.00	63.44%
销售费用	2 079 092 848.94	4.10%	2 556 775 062.26	3.56%	3 056 377 656.90	2.96%
管理费用	1 846 369 257.59	3.64%	2 578 214 642.30	3.59%	2 780 308 041.10	2.70%

净经营资产周转率，反映了企业的净经营资产的使用效率，也是企业投资决策水平的最终反映。从表 4-6 可以发现，万科地产近三年的净经营资产周转率是不断上升的，表明企业的经营资产的使用效率不断增强，具体影响因素如表 4-10 所示。从表 4-10 中可以看出，企业的净经营资产周转率的不断上升主要是由于企业的应收账款和固定资产的周转率不断提高所致，而存货的周转率 2011 年大幅下降了 12.74%，虽然在 2012 年小幅上升了一点，但是仍表明企业存货转化为现金或者应收账款的速度变慢，减弱了企业的短期偿债能力和获利能力。

表 4-10　资产的使用效率评价指标　　　　单位：元

项目	2010 年	周转率	2011 年	周转率	2012 年	周转率
存货	133 333 458 045.93	38.04%	208 335 493 569.16	25.30%	255 164 112 985.07	28.23%
应收账款	1 594 024 561.07	31.81%	1 514 813 781.10	46.18%	1 386 548 523.49	50.63%
固定资产	1 219 581 927.47	41.58%	1595 862 733.95	50.99%	1 512 257 202.22	64.23%

（二）税后利息率

对于税后利息率的分析，需要结合报表附注中的有关资料。万科地产 2011 年的税后利息率较之 2010 年下降了 0.21% ，而 2012 年的税后利息率为 0.76%，比 2011 年上升了 0.02%。通过万科地产的报表附注资料可以知道，下降的原因是 2011 年第四季度的市场贷款利率下调，使得万科地产的借款数额增加。上升的原因主要是 2012 年上半年市场贷款利率上调，使得税后利息费用的增加比率大于净负债的增加比率所致。税后利息率对权益净利率的影响是反方向的，而由于当前资本市场的波动，万科地产的税后利息率也仍将处于不稳定状态。

（三）经营差异率

经营差异率是净经营资产净利率与税后利息率的差额，表明企业每借入 1 元的债务资本投资于净经营资产所产生的净收益偿还税后利息之后的剩余部分。该剩余部分归股东所有。它是衡量借款是否合理的重要依据之一。如果其为正数，则企业借款可以增加股东的报酬；反之，则会减少股东的报酬。

万科地产 2011 年的经营差异率是 8.77%，较之 2010 年增加了 1.47%。原因主要是净经营资产净利率上升了 1.26%，税后利息率下降了 0.21%；2012 年的经营差异率是9.00%，较之 2011 年上升了 0.23%，主要是因为净经营资产净利率的上升幅度大于税后利息率的上升幅度。由此可见，万科地产的借款能够提高股东的报酬，但其近三年的经营差异率的增长幅度是下降的，说明企业借款的财务风险在增加，因此企业应该慎重借款。而从提高股东的报酬来看，净经营资产利润率是企业可承担的借款净利息的上限。同时，由于税后利息率的高低主要是由资本市场决定的，所以提高经营差异率的根本途径还是提高企业的净经营资产净利率。

（四）净财务杠杆

净财务杠杆是指净负债与股东权益的比值，表示企业每 1 元的权益资本配置的净负债，体现了公司利用负债筹资带来的杠杆效益。从表 4-6 可以看出，从 2010 年到 2012 年，万科地产的净财务杠杆从 0.8635 下降到 0.7407 然后又上升到 0.8799，说明万科地产在 2011 年充分利用了财务杠杆带来的效益，从而引起了 2012 年权益净利率的上升。但是，万科地产 2012 年的净财务杠杆已经达到了 0.8635，与行业平均水平相比，已经是比较高的杠杆比率。如果万科地产进一步增加借款，会相应地增加公司的财务风险，推动利息率上升，从而使经营差异率进一步缩小。

万科地产最近三年实行的是风险较高的政策，净负债不断增加，三年之内增加了 53.32%，而所有者权益则上升了 50.47%。企业的利得大部分是由负债引起的杠杆效应所带来的，净财务杠杆利用比较充足。但是，在利用财务杠杆获得更多收益的同时，企业所面临的财务风险也更高。因此，企业在使用财务杠杆来提高权益净利率的时候，应该综合考虑资本成本与财务风险并注意合理规避，不能够一味地追求高权益净利率而使企业陷入一触即发的财务危机之中。

基于改进的杜邦分析体系对万科地产进行分析，不仅能够更加精确地反映万科投入经营活动的资产，为经营业绩的评价提供依据，而且能够更加精确地反映企业经营活动的获利能力。通过分析，发现万科地产的经营活动盈利能力在保持着稳定增长，公司股东的回报也在逐年增加，实力也在逐渐增强，发展前景较好。但是也发现万科地产在经营过程中仍然有以下几点需要改进。

第一，营业成本逐年递增，因此万科地产应在扩大销售的同时，对生产过程进行科学合理的管理，完善内部管理控制，严格控制营业成本以扩大公司的利润空间。

第二，存货周转率逐年下降，说明万科地产的存货比较多，可能会导致企业现金供应不足，偿债能力减弱。因此，企业应该进一步加大对积压房产的销售力度，获取流动现金。

第三，净财务杠杆较高，说明万科地产的财务风险比较大；净负债逐年增加，说明其偿债压力较大。因此，企业应该审时度势、权衡利弊，将净财务杠杆控制在适当的水平。

第五章 企业财务报告分析的基本技巧

财务报告，对于企业发展具有较强的影响。一般而言，企业董事会或是高层管理者，对企业财务、账目流水、资金流动的了解，都是通过财务报告，投资者也是通过财务报告来评价企业是否值得投资。因而，财务报告作为了解企业经营状况较为重要的途径，其撰写、分析及应用，都要概括与反映企业目前实际经营情况及资金流转等问题。可在现实当中多数财务报告都很难体现这些，使用者难以利用财务报告分析预测今后企业财务、经营、盈利状况等，不利于加强企业的核心竞争力。

第一节 财务报告伴随信息的分析运用

财务报告分析的依据是指财务报告分析的基础资料。在分析财务报告时，要按照分析目的的不同收集和整理所需要的资料，对财务资料进行解剖，以评价公司的财务状况和经营成果。因此，具备系统、完整和准确的财务资料是保证财务报告分析质量的重要条件。一般来说，财务报告分析所使用的资料可以分为财务会计报告和财务报告以外的其他资料两大部分。前者是财务报告分析的主要资料，后者是财务报告分析的辅助资料。

一、财务会计报告

财务会计报告包括基本财务报表和会计报表附注。基本财务报表包括资产负债表、利润表、现金流量表和所有者权益变动表。

（1）资产负债表是反映企业在某一特定日期财务状况的财务报表。它是根据“资产=负债+所有者权益”的会计等式，按照一定的分类标准和一定顺序，将企业一定时日的资产、负债和所有者权益项目予以适当排列，按照一定要求编制而成的。

（2）利润表是反映企业在一定会计期间的经营成果的会计报表，它记载了企业一定期间收入实现情况、费用耗费情况，揭示了生产经营活动的成果，即净利润的实现情况。通过利润表可以反映企业经营业绩的主要来源和构成，有助于会计报表使用者判断净利润的质量及其风险，有助于会计报表使用者预测净利润的持续性，从而作出正确的决策。

（3）现金流量表是以现金和现金等价物为基础编制的，用以反映企业在一定会计期间内经营活动、投资活动和筹资活动中现金和现金等价物流入和流出的一种基本会计报表。它从动态方面比较完整地反映了企业现金流入、现金流出和现金流量净额的情况。

（4）所有者权益变动表是反映构成所有者权益的各组成部分当期的增减变动情况的报表。作为资产负债表与利润表的纽带，所有者权益变动表列示了所有者权益的增减变动情况，有利于财务报告使用者进一步了解企业净资产状况。

（5）会计报表附注是对在会计报表中列示项目所作的进一步说明，以及对未能在这些报表中列示项目的说明等。由于受格式、反映形式等的限制，财务报表本身所提供的信息在有的情况下并不能完全满足报表使用者的需要。为了总括地反映企业的财务状况与经营成果，为了帮助报表使用者全面理解会计信息就需要对会计报表中不能包括的内容，或者披露不详尽的内容做进一步的补充与解释，这就需要运用财务报表附注这种信息披露方式。

二、财务报告分析的其他资料

除财务会计报告外，财务报告分析所使用的资料还包括一些用于揭示与会计系统直接或间接相关的财务或非财务信息。这些信息对于充分实现财务报告分析的目标也具有十分重要的意义。

（一）国家有关财经政策和法律规范

这方面的信息主要包括产业政策、信贷政策、税务法规、财务法规、金融法规等。从企业的行业性质、组织形式等方面分析企业财务对政策法规的敏感程度，可以合理揭示经济政策调整及法律法规变化对企业财务状况与经营业绩的影响。

（二）有关部门对比分析所需的资料

掌握有关计划资料、历史资料和同行业的先进资料，可以全面深入地分析企业的财务状况、经营成果和现金流量。因为财务业绩和财务潜力，都具有时空相对性，必须通过时间上的纵向比较与空间上的横向比较，才能予以客观评价和揭示。对所收集的各项报表资料反映出的各项经济指标，同有关的计划、历史资料、同行业的先进资料进行对比，有利于找出差距和应深入分析的重点。

（三）其他途径取得的有关资料

其他专业性机构如投资咨询服务机构、行业性协会、证券交易所等所提供的有关资料，有关企业预算、计划、总结、规划的材料以及企业管理人员对企业当年度生产经营与未来展望的评价等，均可为会计报表分析者提供必要的会计资料。

（四）审计报告

审计报告是注册会计师根据中国注册会计师审计准则的要求，在完成特定的审计程序后出具的对被审计单位财务报表表示意见的书面文件，它是审计工作的最终结果，具有法定证明效力。由于审计报告是由中介机构出具的，具有“公开、公正、公平”的作用。注册会计师在审计报告中对被审计单位特定时期内与财务报表反映有关的所有重要方面发表审计意见，报表使用者可以根据财务报表信息，结合审计意见，对被审计单位的财务状况、经营成果作出正确判断。因此，进行任何目的的财务报告分析，都应事先查阅审计报告，了解注册会计师对公司财务报告的审计意见。

按照我国《中国注册会计师审计准则》的规定，注册会计师在完成其报表审计任务后可以视实际情况形成不同的审计意见，审计报告分为标准审计报告和非标准审计报告。非标准审计报告是指标准审计报告之外的其他审计报告，包括带强调事项段的无保留意见的审计报告和非无保留意见的审计报告。非无保留意见的审计报告又包括保留意见的审计报告、否定意见的审计报告和无法表示意见的审计报告。

1. 标准审计报告

无保留意见的审计报告是最普通的审计报告。据国外文献统计，注册会计师出具的审计报告90%以上都是无保留意见的审计报告，我国的比例要低一些，主要与企业的质量有关。如果注册会计师认为会计报表符合合法性与公允性，没有在审计过程中受到限制，且不存在应当调整或披露而被审计单位未予以调整或披露的重要事项时，应当出具无保留意见的审计报告；在决定出具无保留意见的审计报告时，如果认为审计报告不必附加任何说明段、强调事项段或修正性用语，注册会计师应当出具无保留意见的标准审计报告，即标准审计报告。

如果认为财务报表符合下列所有条件，注册会计师应当出具无保留意见的标准审计报告：

第一，财务报表的编制符合《企业会计准则》及国家其他有关财务会计法规的规定；会计报表在所有重大方面公允反映了被审计单位的财务状况、经营成果和现金流量。

第二，注册会计师或审计人员已经按照中国注册会计师审计准则的规定计划和实施审计工作，在审计过程中未受到限制。

第三，不存在应当调整或披露而被审计单位未予以调整或披露的重要事项。注册会计师或审计人员出具无保留意见的标准审计报告时，应当以“我们认为”作为意见段的开头，并使用“在所有重大方面”“公允反映”等术语。标准审计报告列示如下。

【案例 1-1】标准审计报告

审计报告

H 股份有限公司全体股东：

我们审计了后附的 H 股份有限公司（以下简称 H 公司）财务报表，包括 20××年 12 月 31 日的资产负债表、20××年度的利润表、所有者权益变动表和现金流量表及财务报表附注。

一、管理层对财务报表的责任

……

二、注册会计师的责任

……

三、审计意见

我们认为 H 公司财务报表已经按照《企业会计准则》和《××会计制度》的规定编制，在所有重大方面公允反映了 H 公司 20××年 12 月 31 日的财务状况以及 20××年度的经营成果和现金流量。

××会计师事务所　　　　　　　　　　中国注册会计师：××

中国注册会计师：××

中国××市　　　　　　　　　　　　　20××年×月×日

标准审计报告意味着注册会计师认为会计报表反映是恰当的，能满足报表使用者的需要，并对表示的意见负责。这种审计报告对公司极为有利，当然也是报表分析人最希望得到的信息，它可以使财务报告分析人直接使用报表数据开始自己的分析工作。

2. 带强调事项段的无保留意见的审计报告

审计报告的强调事项段是指注册会计师在审计意见段之后增加的对重大事项予以强调

的段落。在某些情况下，注册会计师可能通过增加一个强调事项段修正审计报告，而该事项在会计报表中得到更详细的披露和广泛的讨论，增加这一强调事项段并不影响审计意见。因为从理论上讲，在意见段之后增加强调事项段，并不对会计报表构成任何保留，也不影响审计意见的类型，只是增加信息含量，提醒会计报表使用者关注。

值得注意的是，某些会计师事务所为了满足上市公司的要求或屈从于客户压力，随意改变审计意见的性质，或将本应发表审计意见的事项仅仅作为强调事项加以说明，以此达到既不得罪客户又不承担法律责任的目的。因此，审计准则只规定存在持续经营能力问题或其他重大不确定事项时，注册会计师才应当或应当考虑增加事项段。《独立审计具体准则第 17 号——持续经营》中对持续经营问题做了详细规定，此外不再赘述。关于不确定事项，是指其结果依赖于不在被审计单位的直接控制之下但可能影响会计报表的未来行动或事项。当不确定事项符合以下条件时，即使会计报表附注已做充分披露，注册会计师也应当考虑在审计报告中增加强调事项段：①很可能的不确定事项（对应的概率区间是大于50%但小于或等于 95%），并且是重要的；②可能的不确定事项（对应的概率区间是大于5%但小于或等于 50%），并且是极为重要的。带强调事项段的无保留意见的审计报告列示如下。

【案例 1-2】带强调事项段的无保留意见的审计报告

审计报告

H 股份有限公司全体股东：

我们审计了后附的 H 股份有限公司（以下简称 H 公司）财务报表，包括 20××年 12 月 31 日的资产负债表、20××年度的利润表、所有者权益变动表和现金流量表及财务报表附注。

一、管理层对财务报表的责任

……

二、注册会计师的责任

……

三、审计意见

我们认为 H 公司财务报表已经按照《企业会计准则》和《××会计制度》的规定编制，在所有重大方面公允反映了 H 公司 20××年 12 月 31 日的财务状况以及 20××年度的经营成果和现金流量。

四、强调事项

我们提醒财务报表使用者关注，如财务报表附注×所述，H公司在20××年发生亏损×万元。在20××年12月31日，长期负债高于资产总额×万元。H公司已在财务报表附注×充分披露了拟采取的改善措施，但其持续经营能力仍然存在重大不确定性。本段内容不影响已发表的审计意见。

××会计师事务所　　　　　　　　中国注册会计师：××

中国注册会计师：××

中国××市　　　　　　　　　　　20××年×月×日

3. 保留意见的审计报告

保留意见的审计报告适用于被审计单位没有遵守国家发布的企业会计准则和相关会计制度的规定，或注册会计师的审计范围受到限制。只有当注册会计师认为会计报表就其整体而言是公允的，但还存在对会计报表产生重大影响的情形，才能出具保留意见的审计报告。如果注册会计师认为所报告的情形对会计报表产生的影响极为严重，则应出具否定意见的审计报告或无法表示意见的审计报告。因此，保留意见的审计报告被视为注册会计师在不能出具无保留意见审计报告的情况下最不严厉的审计报告。一般而言，具有以下情况之一，注册会计师对被审计单位出具保留意见的审计报告。

第一，会计政策的选用财务报表的披露不符合国家颁布的企业会计准则和相关会计制度的规定，虽影响重大，但不至于出具否定意见的审计报告。

第二，因审计范围受到限制，不能获取充分、适当的审计证据，虽影响重大，但不至于出具无法表示意见的审计报告。

当出具保留意见的审计报告时，注册会计师应当在审计意见段中使用“除……的影响外”等术语。如果因审计范围受到限制，注册会计师还应当在注册会计师的责任段中提及这一情况。保留意见的审计报告列示如下。

【案例1-3】因应收账款函证程序受阻而发表的保留意见审计报告

审计报告

H股份有限公司全体股东：

我们审计了后附的H股份有限公司（以下简称H公司）财务报表，包括20××年12月31日的资产负债表、20××年度的利润表、所有者权益变动表和现金流量表及财务报表附注。

一、管理层对财务报表的责任

……

二、注册会计师的责任

我们的责任是在实施审计工作的基础上对财务报表发表审计意见。除本报告“三、导致保留意见的事项”所述事项外，我们按照《中国注册会计师审计准则》的规定执行了审计工作。

……

三、导致保留意见的事项

H公司20××年12月31日的应收账款余额×万元，占资产总额的×%。由于H公司未能提供债务人地址，我们无法实施函证以及其他审计程序，以获取充分、恰当的审计证据。

四、审计意见

我们认为，除前段所述未能实施函证可能产生的影响外，H公司财务报表已经按照《企业会计准则》和《××会计制度》的规定编制，在所有重大方面公允反映了H公司20××年12月31日的财务状况以及20××年度的经营成果和现金流量。

××会计师事务所　　　　　　　　　　中国注册会计师：××

中国注册会计师：××

中国××市　　　　　　　　　　　　　20××年×月×日

保留意见的审计报告是注册会计师认为公司的经营活动和会计报表在整体上公允，但在个别方面存在重要错误或问题而给予的一种大部分肯定、局部否定或不表态的评价意见。报表使用者对保留意见的审计报告应引起足够的重视，因为对有保留意见的会计事项进行调整后的会计信息才是真实客观的，否则错误的会计信息将会使报表使用者决策失误。

4. 否定意见的审计报告

否定意见是注册会计师对被审计单位的会计报表进行全面审计以后，发表的全盘否定公司会计报表的审计报告。否定意见意味着注册会计师认为公司的财务报表没有按照适用的会计准则和相关会计制度的规定编制，未能在所有重大方面公允反映被审计单位的财务状况、经营成果和现金流量。

当出具否定意见的审计报告时，注册会计师应当在审计意见段中使用“由于上述问题造成的重大影响”“由于受到前段所述事项的重大影响”等术语。否定意见的审计报告列示如下。

【案例1-4】因严重违反会计处理方法而发表的否定意见审计报告

审计报告

H 股份有限公司全体股东：

我们审计了后附的 H 股份有限公司（以下简称 H 公司）财务报表，包括 20××年 12 月 31 日的资产负债表、20××年度的利润表、所有者权益变动表和现金流量表及财务报表附注。

一、管理层对财务报表的责任

……

二、注册会计师的责任

……

三、导致否定意见的事项

如财务报表附注×所述，H 公司的长期股权投资未按企业会计准则的规定采用权益法核算。如果按权益法核算，H 公司的长期投资账面价值将减少×万元，净利润将减少×万元，从而导致 H 公司由盈利×万元变为亏损×万元。

四、审计意见

我们认为，由于受到前段所述事项的重大影响，H 公司财务报表没有按照《企业会计准则》和《××会计制度》的规定编制，未能在所有重大方面公允反映 H 公司 20××年 12 月 31 日的财务状况以及 20××年度的经营成果和现金流量。

××会计师事务所　　　　　　　　　　中国注册会计师：××

中国注册会计师：××

中国××市　　　　　　　　　　　　　20××年×月×日

注册会计师出具否定意见的审计报告，表明被审计公司会计报表的表达是不公允、不客观的，注册会计师不得已而给予了否定性评价，即公司会计报表的可靠性是不值得信赖的。是否出具否定意见的审计报告，取决于注册会计师对重要性原则的理解和掌握。如果注册会计师认为被审计公司的未调整事项、未确定事项等对会计报表的影响超过一定范围，会严重影响报表使用者的决策和判断，被审计公司的会计报表已失去使用价值，注册会计师就会出具否定意见的审计报告，对被审计公司的会计报表给予整体否定。一般认为，否定意见审计报告的提出会使公司陷入窘境，报表使用者对其财务报表中的内容就不能用正常的思维方式和方法进行阅读和分析。

5. 无法表示意见的审计报告

只有当审计范围受到限制可能产生的影响非常重大和广泛，不能获取充分、适当的审计证据，以致无法确定会计报表的合法性与公允性，注册会计师才可出具无法表示意见的审计报告。无法表示意见不同于否定意见，它仅仅适用于注册会计师不能获取充分、适当的审计证据的情形。如果注册会计师发表否定意见，必须获得充分、适当的审计证据。无论无法表示意见还是否定意见，都只有在非常严重的情形下采用。

当出具无法表示意见的审计报告时，注册会计师应当删除注册会计师的责任段，并在审计意见段中使用“由于审计范围受到限制可能产生的影响非常重大和广泛”“我们无法对上述财务报表发表意见”等术语。无法表示意见的审计报告列示如下。

【案例 1-5】无法表示意见的审计报告

审计报告

H 股份有限公司全体股东：

我们审计了后附的 H 股份有限公司（以下简称 H 公司）财务报表，包括 20××年 12 月 31 日的资产负债表、20××年度的利润表、所有者权益变动表和现金流量表及财务报表附注。

一、管理层对财务报表的责任

……

二、导致无法表示意见的事项

H 公司未对 20××年 12 月 31 日的存货进行盘点，金额为×万元，占期末资产总额的 40%。我们无法实施存货监盘，也无法实施替代审计程序，以对期末存货的数量和状况获取充分、适当的审计证据。

三、审计意见

由于上述审计范围受到限制可能产生的影响非常重大和广泛，我们无法对 H 公司财务报表发表意见。

××会计师事务所　　　　中国注册会计师：××

中国注册会计师：××

中国××市　　　　20××年×月×日

注册会计师出具无法表示意见的审计报告，不是注册会计师拒绝公司的委托，而是注册会计师实施了必要的审计程序后表示的一种特殊审计意见的方式，说明自身不宜对被审计公司的财务报表发表审计意见。出具无法表示意见的审计报告，主要是注册会计师在审计过程中，由于审计范围受到重大限制，对某些重要事项未取得充分而有效的证据，没有完成取证工作，不能判断问题的归属，因而不能对公司会计报表发表确切的审计意见，也就是无法判断所审计的会计报表是否符合《企业会计准则》的规定。这是一种注册会计师自我保护的“无声沉默”，以避免可能的审计风险。

必须强调，审计的有用性依赖于它的独立性和能力性。审计的独立性是人们信赖它的首要因素，但被审计客户是审计人员服务费用的支付主体，与审计的独立性存在重大矛盾。审计的能力性，是它被信赖的第二个因素，但是谁也不能保证每一个审计人员都是胜任的。因此，分析人员应当关注可能出现的欺诈、疏忽和不遵守审计准则的行为，始终对审计意见保持一定的谨慎。

第二节　非财务信息的分析运用

随着我国市场经济的进一步完善和发展，企业面临的各种外部环境越来越复杂，投资者及其他利益相关者对企业信息相关性的要求日益增长。由于投资者需要越来越多的关于企业经营活动的信息，以便对企业的机会和风险进行全面的评价，从而作出正确的投资、信贷等决策。因此，单一的财务指标体系已不能满足投资者的需求，非财务信息在信息披露需求中逐渐显示出了强势作用，逐渐引起了人们的关注。

一、非财务信息概述

（一）非财务信息简介

会计信息从内容上可分为财务信息、非财务信息。财务信息是以货币为计量单位进行核算及监督经济的活动，并通过分析及报告交易事项向有关单位提供其财务情况、现金流量及经营成效等经济信息。由于财务信息具有一定的滞后性，账面价值与市场价值相差较大，而且易受操纵，因此上市公司仅通过财务报表反映的信息已不能满足信息使用者的需要，非财务信息的披露就在这样的大环境下应运而生。非财务信息是指以非财务资料形式出现与企业的生产经营活动有着直接或间接联系的各种信息资料，非财务信息与企业财务情况无关且不以货币为计量，但非财务信息与企业的经营密切相关。通常情况下，非财务信息并不反映在财务报表上，却体现了财务信息不能体现的经济和非经济的相关内容，如可以反映出政治、技术等。因此，从某些方面来看，非财务信息反而有价值于财务信息。

现在，披露非财务信息陆续被许多国家所要求，如一套出自美国注册会计师协会《论改进企业报告》里的企业报告，有三分之二的内容为非财务信息，只有三分之一是财务报表和附注内容。我国证监会也于2007年2月颁布实施《上市公司信息披露管理办法》，为保护投资者的合法利益、提高上市公司的质量，也提出了一些旨在强化上市公司信息披露的强制性要求。

一般来说，我国的非财务信息通常由企业的财会部门通过财务报告给出，主要包含五个方面：一是企业自身背景，如企业所经营的业务类型、所属行业特征、经营策略、所生产的产品的周期及其竞争对象状况等；二是业绩指标，如所生产产品的市场价格及数量、产品的质量等级、市场占有情况、客户对产品的满意度以及开发新产品的情况等；三是企业股东及管理人员情况，如企业大股东、董事、管理者及关联方等；四是管理者所做分析，如导致业绩数据发生变化的理由及发展趋势特点等；五是远见性信息及社会责任，如针对企业可能出现的风险及机会等。

（二）非财务信息在审计工作中的运用

在审计过程中，财务信息与非财务信息是相辅相成的。随着审计模式的进化和发展，非财务信息所发挥的作用也愈加重要。当审计工作处于以账目为基础的阶段时，审计人员没有意识到非财务信息的价值，而只是专注于对报表、会计凭证等财务信息的研究。当审计的企业规模不大且经济事项比较简单时，这种审计模式基本可以应付。但对于经济业务复杂的大规模企业，对非财务信息的忽视会导致审计工作的高成本、低效率。当企业内控制度逐渐建立后，审计人员会依据对内控的评价，通过调整实质性测试来降低审计风险，在很大程度上提高了工作效率。审计人员对内控的评价是开始利用企业非财务信息的重要开端。通过非财务信息来验证财务信息的审计模式使得非财务信息的利用迈上新台阶。

虽然制度的完善使得审计人员可以利用对内控的评价提高审计结果的准确性，但这通常只针对企业员工的各类舞弊行为起到防范作用，若是高管间相互勾结共同操纵会计信息，那么再好的内控也很难发现。因此，以制度为基础的审计模式而后逐步又被以审计风险为基础的审计模式所取代。基于制度基础的审计关注的是企业内部的非财务信息，然而比起企业更有可能去把握和操纵的内部信息，来自企业外部的信息更具有客观性，因而更加真实有效。基于公允、可靠的外部非财务信息的审计模式大大地降低了审计风险，得到了更广泛的认同和应用。

（三）非财务信息的种类及披露方式

1. 非财务信息的披露内容

（1）企业背景信息。

该信息主要包括企业所在行业的产业政策及行业背景对企业的影响，企业所处的地理位置，主要投资者或大股东的基本信息以及行业内主要竞争对手的情况。此外，企业上下游产业的重大变动及其对本行业和本企业的影响也应加以披露。主要客户的构成、关联方的信息等也属于企业背景信息的重要组成部分。

（2）人力资源信息。

正确地预测企业的发展前景必须建立在关注企业人力资源信息的基础上。首先是股东和高级管理人员的信息，高管人员的管理才能及其制定的管理机制对企业选拔优秀人才具有重大的作用，同时也是企业保持生机和活力的源泉。其次是职员数量及层次结构信息。一般来说，职员层次越高，企业越有发展前途。

（3）经营活动情况说明。

企业的经营活动情况主要体现在其产品所处的生命周期以及所占有的市场份额。企业可根据其具体情况，判断所生产的产品类型并采取相应的措施。

（4）管理部门分析讨论。

由于管理当局比外部信息使用者更加了解与企业有关的交易与事项，通过对一些重要事项进行讨论与分析，可提高财务报告的有用性。管理部门主要负责企业使命与目标的确定，企业总体战略、业务层面战略的选择，企业组织结构的制定以及对企业内部环境的优势与劣势、外部环境的机会与机遇进行 SWOT 分析。此外，还需对企业财务状况变化、经营业绩变化以及报表中非常项目的形成原因和可能产生的影响进行解释与说明。

（5）企业的前瞻性信息和社会责任信息。

前瞻性信息的主要特点是陈述者往往缺乏现有数据来证实其陈述的准确性，大部分以主观的估计和评价为依据，因此投资者个人需要更多的非财务信息来帮助其作出选择。此外，企业在生产经营活动中，必须兼顾经济效益与社会责任，客观地反映企业对环境资源的损耗和补偿等信息。而就业、员工培训、环境治理、公益捐赠等社会责任信息的披露，有利于企业树立良好形象、提高公信力。

（6）核心竞争力及可持续发展。

企业的核心竞争力主要体现在是否对顾客具有价值，是否与企业的竞争对手相比具有优势以及是否很难被模仿或复制等方面。企业只有具备超越现有或潜在竞争对手的可持续竞争优势时，才能够赢得市场。除此之外，使企业长期具有旺盛的生命力的另一个关键在于拟定一个长期且可持续发展的战略。

非财务信息所涵盖的范畴较大，并不仅局限于上述内容。只要是与企业相关的、较为重要的且能够获得的，企业便应考虑是否需要对其进行披露。此外，如何使所披露的信息既能够满足用户更为客观地了解企业财务状况的需求，又能够提升企业的整体价值，关键在于所披露的内容和强度。

2. 非财务信息的披露方式

由于大部分非财务信息无法利用货币进行计量或不以货币为主要计量单位，因此无法纳入会计系统进行记录和编报，导致其披露方式较为灵活，既可进行定性披露也可进行定量披露。

（四）非财务信息的获取途径

1. 从财务报表及附注中获取的非财务信息

对于企业的基本情况，可从报表中的公司基本情况简介、股东变动及股东情况、董事、监事、高级管理人员和员工情况、公司治理结构、股东大会情况简介及各部门的报告中获取。可从附注中获取一些报表无法解释或列示的项目，例如企业所采用的一些基本会计政策、营业收入、营业成本变动的原因解释以及关联交易与企业合并的情况等。

2. 通过其他渠道获取的非财务信息

在信息高度发达的时代，可从互联网中获取一些具有利用价值的非财务信息。还可从证券分析资料、政府管理部门文件或行业分析资料，特别是年度统计年鉴中获取非财务信息。此外，SWOT 分析法、波特五力分析法、麦肯锡矩阵等分析工具也有助于使用者获取非财务信息，了解企业的发展战略。

二、非财务信息的分析

在高速发展的经济时代，经济决策的确定不仅要根据财务信息，而且要依赖非财务信息，甚至有时非财务信息比财务信息更具价值。既然非财务信息如此重要，那么独立审计人员怎样才能获得这些非财务信息呢？下面，我们就以企业的背景信息为例，来分析企业非财务信息。

（一）针对产品持续的周期分析

一般产品会经历起步、发展、成熟及退出阶段。根据每个企业所生产产品持续周期，企业的财务报表会呈现出不同的特点。企业在起步阶段时，要扩大再生产，所以急需现金，因而负债较高，此时应收账款和存货较少，因而流动比率较低；在产品的发展阶段，虽然产品的利润会逐渐增加，但由于企业会因此扩大生产而加大投资，占用了部分资金致使现金流量增长缓慢从而使负债率减少幅度较小，与此相关的企业现金流量比例增长放慢，净利润比例与现金流量的增长则截然相反；当产品到了成熟及退出阶段时，以上各类比例将与行业的平均水平基本持平，并产生较高的周转率及盈利标准。即使利润出现下滑，但由于周转率随着负债率及投资规模的降低，在一定时期内现金流量依旧保持增长。投资一个企业，要通过企业的各项财务数据分析其产品的持续周期，从而分辨出企业的发展空间和可承担风险的能力，同时可分析出企业处于发展阶段还是逐步衰落的阶段，以达到投资及财务控制的最优。

（二）相关行业分析

各种行业由于其性质、经营方式和范围的差异，其财务及盈利情况也不同。针对企业的财务及盈利情况进行评价时，要将该行业的特点考虑在内，比如企业的产品流通资产从资产构成方面来看是比较合理的，但制造业的合理性则是固定资产所占比重较大。因此，应主要进行分析的行业信息包括：①该行业在市场中的发展前景，比如行业产品市场需求大即处于发展阶段时，显然生产企业的财务及盈利状况比较乐观，前景较好；假使行业产品的市场需求已达到饱和，企业则需要在经营状况尚可的情况下，做好准备以防范针对市场及财务类风险。因此，行业在市场中的发展前景可以反映出企业的发展机会和发展风险，通常采用各项财务指标分别与行业平均水平和先进水平进行对比分析，以此来确定财务状况与经营业绩的行业差距，并据以评估企业的财务业绩，揭示财务潜力。②同行业竞争状况，企业的市场占有及竞争力可以由此进行判断。

（三）企业针对竞争的策略分析

财务报表中的相关数据可以帮助我们分析出该企业的竞争策略，比如针对采用薄利多销策略的企业，未达到理想的投资回报率，可通过控制企业成本及投资来实现；如果是采用同前者相反策略的企业，即周期低、盈利高的策略，企业需要通过“使产品及服务特色化、产品质优价优”等措施以达到较高的投资回报和收益。针对财务报表结构不同的企业，我们可以通过分析两个企业的竞争策略确定企业是否会受到后期发展所产生的影响及怎样的影响。

三、非财务信息的披露建议

由于非财务信息涉及的面比较广泛，几乎涉及企业经营活动的各个方面，如市场份额、客户满意度等，且内容繁杂，再加上市场调节难免出现盲目性和自发性，这些都会导致非财务信息的表示及信息本身的不准确性，从而影响信息使用者作出科学的决策。因此，讨论非财务信息的披露是非常必要的。

（一）减少非财务信息的不确定性

不确定性是指事物发展结果有多种可能性。按经济学的观点，不确定性意味着在既定环境状态下人们的主观概率分布处于离散状态。譬如一项决策只产生一种可能结果时，它是确定的；而当其可能产生两种以上不同的结果时，不确定性就出现了。对于对企业发展有影响的重大不确定性事件，要控制对此类信息的采集、包装及发布等各个环节并及时披露和跟踪，辨别信息是否为非财务信息时，需要比较和验证从不同方面获得的非财务信息，不断收集和更新各类信息。除了鉴别之外，还要分析各类可能的影响因素，最终判断信息是否真实可靠。

（二）建立有效的信息管理和交流平台，强化企业的信息安全

由于信息的安全问题，很多企业不愿意披露其非财务信息。为综合利用企业的财务信息和非财务信息，信息的安全保障是很有必要的。当前，各企业内部亟须建立可以进行交流和管理的有效的信息平台，因为企业所有的信息及被处理的信息随着企业发展已呈现爆炸式的增长。基于网络会计基础上的交互式披露方式，不但可以实现按需披露信息，而且可以节约信息披露成本，应该成为未来信息披露的主要方式。ERP 即实现企业内部信息的共享将企业的各类财务及非财务信息进行有效整合，从而使得企业在各类合作伙伴间共享更多信息，使企业信息被合作伙伴深入了解从而对经营战略进行及时调整，以实现企业利润最大化。

（三）强化企业员工信息意识

提高企业生产效率不仅可以采用广为人知的措施，如充分利用现代网络技术在会计信

息系统中的应用，发挥网络传输数据具有的安全、快捷的获取渠道，达到信息使用效益，使会计信息的有用性在经济领域发挥真正的指导作用；还可从企业员工着手，培养员工的主人翁态度，强化员工的信息意识，使得员工对企业的财务和非财务信息的关注加大。在员工中强化企业信息的重要性，提高信息意识。此外，还可以通过对非财务类员工进行相关意识及知识培训，使员工自发地发掘企业财务及非财务信息，从中受到将信息同企业生产经营相结合及提高生产效率的启发。

（四）加强对非财务信息披露的监管

虽然目前我国已制定并正在逐步完善一些与非财务信息披露有关的政策规范和制度要求，但从实践情况来看，非财务信息披露规则仍不够健全，主要表现为内容不完整、缺少规范。因此，迫切需要结合我国资本市场实际，制定出一套适合于我国的非财务信息披露规则，建立一套类似于公认会计准则的规范体系，将非财务信息披露的内容、方式及量化过程进行规范化、标准化，使得公司和公司之间、公司内部不同部门之间的业绩能够进行比较和审计，为评价公司的价值提供可以对比的信息。

四、非财务信息利用存在的误区

随着人们对非财务信息认知的不断加深，对非财务信息价值的期望也越来越高，在对非财务信息利用时也随之产生了一些误区，主要体现在以下两个方面。

一是对于非财务信息的概念模糊。非财务信息常常被误解为财务报表之外的信息，这种观点是狭隘的。我们通常认为财务报表就是现金流量表、资产负债表和利润表，而财务报告却不仅是由这三部分组成，这仅仅是财务报告中的一部分，会计系统中还有其他的财务信息也是财务报告的重要组成部分，而这些也不属于非财务信息的范畴。同时财务报表附注中的很多关键性信息的说明也应算作非财务信息，从这个角度上讲，非财务信息也不是财务报表之外的信息。

二是对于非财务信息的披露。由于非财务信息针对的范围很广，审计证据的收集难度较大，并且不易于计量，因此披露非财务信息需要的成本较高。企业从追求利益最大化的角度出发会排斥对于非财务信息的披露，然而非财务信息披露以弥补财务信息的缺失所能带来的收益要远远高于披露它所消耗的成本。同时，让投资者获得更全面、真实的企业信息也增强了他们对企业的认同和信赖，提高了企业的竞争力。并且，非财务信息的披露应与财务信息一样，遵守强制披露的原则。这样一方面可以避免信息不对称，防止管理当局提供虚假企业信息，保障信息使用者可以作出正确决策。另一方面是鉴于我国目前大部分企业对非财务信息披露的意识不强，还有一部分企业担心非财务信息的披露会泄露企业商业机密而缺乏动力。为此，非财务信息的披露要予以强制性规范。

五、非财务信息披露的必要性和意义

（一）非财务信息披露的必要性

1. 非财务信息有助于报告使用者更好地理解企业财务报告信息

在知识经济时代，企业的经营活动正逐渐地向信息活动转移。企业价值更多地与品牌价值、新产品的开发能力、员工的培训、顾客的信任度等方面相关。但在实际工作中，这些资产往往难以以货币计量，因此仅依赖于财务信息并不能充分地反映企业的真实价值。而通过对非财务信息的披露以及宏观政策的分析，不仅可使用户加深对财务报告的理解，更能对企业所在行业的发展趋势具有基本的判断，从而作出比较合理的决策。

2. 非财务信息有助于信息使用者了解企业发展与社会发展的协调程度

通过非财务信息的披露，可使信息使用者全面了解企业的整体情况，同时也可传达企业对员工的福利情况、环境保护方面的措施以及对当地经济发展的影响力等信息，将企业的形象更为完整地展现给社会。

3. 非财务信息有助于企业改进管理方式、提高生产效率

通过市场占有率、投入产出比、顾客满意度等信息，管理者可以了解企业在本行业中的地位，发现自己的优势与不足，识别市场机会与威胁，从而采取有针对性的措施加以改进和规避。例如通过降低成本消耗、改进产品质量、完善售后服务、加大促销力度等方式进一步提高经营效率。

（二）加强非财务信息利用的重要意义

随着经济全球化的快速发展，如何更全面有效地披露相关、可靠的会计信息是我国在国际市场上获取更大发展空间的必要因素。非财务信息的披露更成为其必不可少的一部分。

第一，非财务信息能够揭示企业的非货币性会计信息，披露了那些难以在报表中充分体现的不易于准确计量的重要的财务信息。第二，由于财务信息多采取历史成本法计量，这种会计政策能保证会计信息的可靠性，但在相关性上有所欠缺。一份全面的会计报告不应只注重企业过去的状况，更应该站在长期发展的角度上反映企业未来的前景。而非财务信息的披露可以从企业的市场份额、战略规划以及核心竞争力等方面对它的长期经营状况做一预测，更加有益于外部信息使用者了解企业的发展形势。第三，财务报表的规范化要求使得企业所存在的一些财务风险不能在财务报表中充分体现，就像是衍生金融工具，存在着很多不确定信息，这些我们在财务信息中是无法量化和呈现的；但对于企业未来可能出现的财务风险却有着重要的影响，是非常有价值的前瞻性会计信息，我们需要通过非财务信息有所体现。第四，在股票市场上，股价的变动对于各类信息极其敏感，一切相关的政治、经济、文化信息都可能引起股票市场的迅速波动。如果那些非财务信息没有向公众披露，那么就很容易使得少数人对这些信息进行垄断，然后谋取私利，破坏了公平竞争市场，损害了广大投资者的权益。因此，必须加强非财务信息披露的监管机制，使得非财务信息更好地服务于资本市场，保障投资者的合法利益。

六、提高非财务信息利用的有效途径

非财务信息的有效利用不仅使得会计系统更加丰富、全面、真实，更是有助于优化资本市场的运行。而想更充分地获取并利用非财务信息，要从企业内部强化意识，积极收集并披露，同时还需要外界各方面的有力支持。

先从企业内部看，由于在信息不对称的博弈中，企业处于强势位置，加之对过多内部信息被公开的担忧，很多企业缺乏提供非财务信息的动力。企业应该提高认识水平和重视程度，关注由于非财务信息的利用为企业带来的收益以及综合竞争力的提升；并且在工作的落实上做到分工明确、权责分明，唯有这样才能从根本上确保非财务信息的准确性、可靠性，保证信息的质量，披露出的信息才具有使用价值。

再从企业外部看，非财务信息的使用应受到政府的关注和相关法律制度的约束和保障。中国注册会计师协会应该健全业务检查制度，一是对于会计师事务所要有法必依、执法必严，对违法乱纪的会计师应当给予严肃处理；二是对于企业若发现存在信息披露违规现象，必须严格执法，通过警告或没收违法所得等形式追究法律责任；三是提升投资者的自身素质。投资者应具备一定的财务常识，具备阅读、理解、分析、判断财务信息及非财务信息的能力，通过甄别非财务信息的缺失对会计报告提出质疑，从而更全面地掌握企业状况，作出理性决策。

第三节 财务报告分析的局限性

一、财务报告的局限性

财务报告是由会计工作者对已发生的经济事项进行分类、加工、处理后提出的用以说明企业财务状况和经营成果的书面文件，它反映了企业资金的投入及运用、利润的取得、资金的筹集与分配等有关企业在一定时期的经营成果或某一时点的财务状况。

财务报告编制的目的是为企业现在和潜在的投资者、债权人以及管理者和其他信息使用者提供各种有用的信息，以便帮助他们作出合理的决策。但由于财务报告自身的局限性，也会对报告阅读者造成各种误导。

（一）货币反映的局限性

财务报告提供的数据都必须能用货币计量，其反映的信息都是能用货币量化的，但企业的许多重要信息很难通过货币简单计量。因此，财务报告很难或根本不能涉及企业员工年龄、经验等人力资源要素，也不包括企业市场拓展情况、生产流程组织、机器设备生产效率、企业计划制订情况等方面的信息。因此，报表阅读者在阅读报告时，难以获取这些难以用货币计量的各种信息，而只能尽可能地通过其他信息渠道来弥补财务报告自身的局限性。

（二）货币单位的非稳定性

财务报告仅仅只能列示能用货币计量的经济项目，但由于货币自身的价值会随着时间或其他因素的影响而上下波动，所以，货币单位难以保持自己“标准价值单位”的质量特征，尤其是在通货膨胀下，货币迅速贬值，物价持续上涨，此时，即使企业不从事任何业务，也会由于货币本身价值变化形成企业的损益。因而，由于财务报告是以币值稳定假设和历史成本原则作为基础而编制的，如果仅仅将报告内的数据简单加减，据以进行决策，则会导致决策者严重的失误。

（三）财务报告数据信息的有限性

企业的经济活动是复杂多样的，如果事无轻重全部堆砌在财务报告中，不仅不利于阅读者把握重点，而且不符合最基本的成本—效益原则。因此，财务报告在反映多样化的经济活动时，只能通过归类、整理、汇总，将日常工作中数量繁多、分散的会计资料按统一的会计制度要求、规定的格式和编制方法系统地简化成一整套完整的指标体系。正是由于必须对经济活动进行高度概括，因而财务报告无法提供报告使用者所需要的一切信息。作为报告使用者，只能根据企业的财务报告和来自其他渠道的信息共同推测出企业的真实状况和发展趋势。

（四）信息的时效性

财务报告的数据是企业过去经济活动影响的结果，是作为对企业过去经营活动的总结，具有较强的时效性，但如果用来作为企业预测未来的依据，就只能作为动态预测的参考。而且，等报告使用者取得各种报告时，可能离报告编制日已过去多时，反映的情况可能已经今非昔比了。

（五）财务分期的预估性

财务报告反映的是企业整个经营期限内某一会计期间的经营活动及其结果。在每一会计期间确定企业财务状况和经营成果时，经常要对相关经济业务进行预先估计，特别是对经营成果认定，由于有关收入、费用的发生可能会跨越几个会计期间，这种预估的成分就越多了。预估成分越大，财务报告中包含的信息的不确定性也越大。例如，对固定资产使用年限和残值的估计、对坏账准备的预估、对长期合同的完工程度和相应成本的预估等。而且，预估的期限越长，其信息的不确定性也越大。

（六）历史成本的非有用性

在我国，企业财务报告是按照历史成本原则编制的，从而要求企业的资产按取得成本计价，负债按发生时交易的资产或劳务的价格或约定的金额计量，而且一经入账，就不再考虑市价的变动。历史成本的优点是以事实为依据，便于验证，且“有据可查”。在币值基本稳定的情况下，所提供的财务信息无疑是客观、可靠和有用的；但当物价不断上涨，货币持续贬值时，历史成本所揭示的财务信息就难以符合现实情况，从而降低财务报告的有用性。

二、财务报告分析的局限性

财务报告的分析方法有比较分析法、比率分析法和趋势分析法等多种，这些分析方法对于考察企业理财的状况、评价企业财务状况的优劣、判断企业经济效益好坏、找出财务和营销及管理上的失误以及提高企业经济效益都有很大的帮助。但我们也应看出，各种分析方法由于受到分析资料来源的局限性、分析方法及各种财务比率指标本身的局限性所制约，财务分析与评价的结果并非绝对准确，有时甚至会得出与实际情况相差甚远的结论。因此，在了解各种分析方法时，明确了解财务报告分析方法的局限性并适当采取一些防范措施是完全必要的。

（一）财务分析资料来源的局限性

由于分析资料来源的局限性而使分析方法带有局限性，财务分析资料的主要依据是企业所编制的各种会计报表。财务报表及其所提供数据的局限性决定了各种分析方法及其分析评价结果的局限性。

其局限性主要有：

（1）重结果、轻过程。

财务报表通常只能说明企业财务政策运营的结果、经济效益成果，而不能详细说明企业进行财务运作的过程及经济效益实现过程。以资产负债表为例，它所反映的仅是即将结转到下个会计期间的责任，它是一种未履行的报告，即它反映还没有使用的经济资源、还没有偿还的负债，并不能明确反映企业的管理阶层在企业经营过程中是如何筹措资金、筹资成本为多少、筹措来的资金是如何使用的、是否及时偿还了债务等。又如，通过利润表我们只能了解到企业所取得的收入及利润的多少，而这些收入是如何具体取得或由哪一家分企业分公司取得的却不能够得到回答。这些都给财务报告的分析带来了很大的局限性。

（2）环境的变化。

由于各个不同时期企业经营环境的变化，及政府有关会计政策的变化，致使企业的会计处理方法、计价标准等发生变化。如新的企业会计制度（2001）要求对无形资产和固定资产提取减值准备。此外，由于政策的要求不一样，因此，金融企业的财务报告与一般企业的财务报告不尽相同。这样由于客观环境的不同及变化，财务报告所反映的内容变化较大，且不可比。

（3）真实。

据《中华人民共和国会计法》（以下简称《会计法》）第一条规定：“为了规范会计行为，保证会计资料真实、完整，加强经济管理和财务管理，提高经济效益，维护社会主义市场经济秩序，制定本法。”这说明必须真实、完整。但财务报告所提供的数据资料是否真实可靠，不仅受制于企业的主观因素及人为因素，而且还受到通货膨胀的影响，同时也与会计方法的合理性密切相关。如果通货膨胀严重、会计方法不适当，或者过多地掺杂了各种人为因素与主观因素，那么财务报告所提供资料的真实可靠性就缺乏必要的保证，而现有分析方法又完全缺乏有效的修正手段，这必然会影响财务报告的真实性。

（4）有效性。

对财务报告进行分析的主要目的一方面是为了总结过去，另一方面是为了预测未来，更好地对未来的企业经营进行指导与规划，其中更重要的是后面一点。因为过去的已经过去，更重要的是未来。但财务报告提供的资料都是历史资料，如果企业仅仅根据这些历史资料进行分析，分析结果的时效性是很差的，无法达到分析报告的目的。

（5）准确性。

有些财务报告所传递的会计信息资料概念模糊，含义不准确。如现金流量表主要反映企业现在的现金流量，很难反映企业资金营运的全过程；又如，企业的会计报表应该包括哪些明细附表是有争议的，这些都影响财务报告分析方法的正常作用发挥。

（二）财务分析环境的局限性

（1）对分析理论特别是分析方法理论研究缺乏，与国外发达国家相比差距很大。

（2）分析结果的公正性、客观性受到影响。由于财务报告是由企业编制的，它的主要目的是满足企业外部投资者的投资需求。因此，在编制财务报告时带有很大的主观性，影响公正。

（3）分析工作不能专业化。由于一般的财务部门任务繁重，缺乏专门的分析人员，分析相对于其他工作而言，是比较虚的。而且财务分析需要测算众多的指标，如果把这个分析的任务交给财务部门，很可能分析效果不好。

（三）财务分析指标的局限性

（1）财务分析指标过多而且复杂，有些指标没有什么意义，但是指标过少又很难说明问题。

（2）企业需要向外提供财务报告，为了起到保护企业自身商业秘密和市场份额的目的，公布出来的指标只是一般性指标，或经过粉饰的指标，很难通过财务报告揭示企业的深层次、具体的信息，有时对财务报告上提供的数据进行分析，可能与实际情况相差甚远。

（3）计算口径不统一，评价标准难以掌握。

第四节　虚假财务报告识别的基本技巧

一、财务舞弊的概念

财务舞弊，一般是指财务报告舞弊，从20世纪90年代末为我们所熟知。1985年，全美反舞弊财务报告委员会（Treadway Committee）将其定义为公司在对外披露财务报告的过程中，存在虚列或重大遗漏的一种故意或轻率的行为，结果是误导投资者的投资决策，影响投资者的投资收益。在《财务报表舞弊：预防与发现》中，瑞扎伊等将财务舞弊定义为公开交易公司通过编制误导性的财务报告，导致投资者和债权人等信息使用者损失的一种故意错误或非法行为。美国注册舞弊审查师协会（Association of Certified Fraud Examiners，ACFE）认为，财务报告舞弊是公司通过故意虚假陈述或遗漏财务报告的数据或信息，故意歪曲公司的财务状况，以欺骗财务报告使用者。财务报告舞弊，包括篡改或伪造公司发布的反映资产状况、盈利能力的财务报告或者管理层关于经营活动中存在问题的评论等信息，让公司表现出更强的盈利能力。

公司的财务报告反映了公司的经营状况，影响公司的股价，甚至决定了公司能否获得银行贷款。因此，公司为了提高股价、降低税负或获得筹资机会而进行财务报告舞弊。由于公司从事舞弊的人员非常专业，并有极强的舞弊掩饰能力，再加之舞弊的发生频率不高，故财务报告舞弊的诊断特别困难。2006年的《中国注册会计师审计准则》将财务报告舞弊定义为公司对财务报告中列出的数字或财务报告附注反映的信息进行有意的错报或遗漏，以欺骗报告使用者，包括：操纵、伪造或篡改财务报告所依据的会计记录或相关文件记录；虚假表达或故意遗漏财务报告的交易事项或其他重要信息；故意误用与会计确认、计量、分类或列报有关的会计政策和会计估计。财务报告舞弊有两种类型：一是管理层利用虚假财务报告掩盖其挪用公司资产或错误分配资产的行为；二是管理层通过发布虚假财务报告误导投资者或监管层，使其相信美化的利润和公司前景。[①]

---

① 邱实，罗元盛．公司财务舞弊的多元证据融合及风险评估研究［M］．长沙：湖南师范大学出版社，2021.

二、财务舞弊的动机

（一）管理层期望获取高薪酬

一般来说，企业管理层的薪酬由以下三种方式来决定。

（1）由董事会自主决定，并与业绩挂钩。

（2）根据当地政府的有关规定制定。

（3）由控股公司给高级管理人员发工资。

但是不论薪酬由谁发放，业绩是决定薪酬高低的一个关键因素。因此，财务报告中反映经营业绩的信息是非常重要的，也就是说财务报告与管理层的薪酬间接地挂钩。为了获取更多的薪酬，上市公司管理层就可能会编制虚假的财务报告。

（二）为了获取上市发行股票的资格

上市发行股票可以在短期之内筹集到大量的资金，这不仅对公司、对公司的高管都会有好处。一方面，公司可以获得较大的发展，参与一些利润比较大的项目的开发；另一方面，高管的薪酬也会有所提高，每年的年终分红是非常可观的。这种巨大的市场诱惑驱使不少拟发行股票的公司为达到上市的目的而编制虚假的财务报告。

（三）降低纳税额

我国目前的会计准则与税法的分离程度比较小，有些税法的规定本身就是会计准则的规定。在这种情况下，由于缴税会导致公司的现金流出，会计政策的选择对于公司的现金流量是至关重要的。企业为了呈现出现金流健康的情况，就会产生编制虚假财务报告的动机，以降低缴税额。

（四）上市公司避免被停牌或是摘牌

对于上市公司来讲，经营业绩是非常重要的。如果出现对经营业绩产生负面影响的消息，上市公司可能会面临停牌，甚至是摘牌的危险，这对公司来说是一个不小的损失。因此，公司可能会利用一些手段虚假提升经营业绩，将亏损变为盈利来避免被停牌或是摘牌。

（五）市场动机

（1）在二级市场上树立良好的形象。

在证券市场上，投资者主要是依据上市公司的财务报告来进行投资决策的，他们当然会选择业绩好的公司进行投资。因此，为了吸引投资者的眼球，通过编制虚假的财务报告，对一些科目加以装饰，向市场释放业绩良好的信号，以求达到树立二级市场良好形象的目的。

（2）为并购谈个好价钱。

众所周知，公司的上市资格不容易取得，其间要包括很多环节的审核。就是因为上市的难度不小，许多非上市公司就试图通过购并达到借壳上市的目的。购并谈判中最关键的就是购并价格，业绩优良的上市公司的股权可以卖个好价钱，因此上市公司有可能为了购并谈个好价钱而编制虚假的财务报告。

（六）为了获取银行贷款

公司的发展需要大量的资金，而资金的来源主要有两个：一是发行股票募集资金，二是向银行贷款。公司上市后，有些经营亏损的企业，为了满足增发新股或者配股的条件，提高配股的价格，达到从资本市场上获取更多资金的目的，经常采用虚增利润、少报亏损的方法，编造虚假的会计信息，欺骗投资者。银行贷款方面，一般来说，银行在向公司发放贷款前，会对受贷单位的资信情况进行审查，要求是比较严的。因此，那些经营业绩欠佳、财务状况不是很好的公司为了获取银行的贷款而编制虚假的财务报告。

三、财务舞弊的类型与识别

（一）财务舞弊的类型

1. 虚报盈亏，偷逃税款

一些企业为了达到一些不法目的，随意调整报表金额，人为地加大资产、虚增利润；此外，还有的企业人为地加大成本费用，减小利润，目的就是想少纳税。有的企业对财政部门报送的报表是穷账，以骗取财政补贴等多种优惠政策；对银行的报表是富账，以显示其良好的资产状况，骗取银行贷款；对税务的报表是亏账，以偷逃各种税款；对主管部门的报表是盈账，以显示其经营业绩，骗取奖励与荣誉等。

2. 各个报表之间不相符

根据有关会计制度的规定，企业对外提供的一些报表之间必须存在一定的钩稽关系。如资产负债表中的未分配利润应等于利润分配表中的未分配利润等。给大家举一个简单的例子，某企业近年来没有进行任何长、短期的投资，资产负债表中长、短期投资均为零，但在损益表中“投资收益”项目中却记了300万元，经过检查该企业的投资收益账户，发现企业投资收益来源于一笔销售业务，企业为了逃避营业税，而将销售收入列入“投资收益”这一科目中，造成表与表之间不符。

3. 报表附注不真实

财务报表附注是财务报表的重要组成部分，它是为了便于财务报表使用者理解财务报表的内容而对财务报表的编制基础、编制依据、编制原则和方法及主要项目等所作的解释。但有些企业却在会计核算中改变某些会计政策，在报表附注中也不作任何说明；有的时候报表金额虽然没有发生改变，但发生了一些对企业的经营活动及前途有重大影响的事项，此时，企业为了掩盖这些重大事项，对其并不加以说明，以此来欺骗报表使用者。

4. 报表与账簿不相符

财务报表是根据会计账簿分析填列的，其数据直接或间接来源于会计账簿所记录的数据，因此，表、账必须相符。但是，表、账不相符的情况也是很多的。例如某企业为了增大管理费用，直接在损益中多计管理费用30万元，在资产负债表中同时增大应收账款和坏账准备金额，造成表、账不符。

5. 编制合并报表时弄虚作假

根据我国《合并会计报表暂行规定》，凡是能够为母公司所控制的被投资企业都属于其合并范围。根据此规定，合并财务报表的弄虚作假主要有合并报表的范围选择不当，将符合编制合并报表条件的项目没有进行合并，而将不符合编制合并报表条件的予以合并或不按规定正确合并，合并资产负债表的抵销项目不完整，尤其是发生在集团内部的债权债务不区分集团内部和外部的往来，使得在合并抵销时不能全部抵销等。

另外，有些企业在附注中披露的信息不是很充分。例如，对关联方交易的披露，有的企业将复杂的内容删去了，而将简单的内容留了下来；有的企业对其加以回避；等等；有的企业是故意使附注中披露的内容滞后。例如，对或有事项、提供担保等需要及时公布的内容有意延期披露，等等。

（二）财务舞弊的识别

1. 收入舞弊的识别

（1）主营业务收入增长过于迅速。

主营业务代表着企业的核心竞争力和可持续发展能力，具有稳定性和可预测性的特点。在企业经营规模和市场需求基本稳定的情况下，主营业务应该实现平稳增长，不应有太大波动。众多的财务舞弊案例告诉我们，收入的惊人增长往往是企业进行财务舞弊的明显信号。在企业规模和市场需求变化不大的情况下，大幅度的收入增长是不会实现的，特别是长期的惊人增长，其背后无疑是财务舞弊在支撑，维持其如此高的增长率的“法宝”在于把投资收益操纵为主营业务收入。

（2）主营业务收入与其现金流入量不协调。

经营活动现金流入量一般不会大幅度背离其主营业务收入额，如果真的出现这种情况，主要有两种可能：一种是虚构收入，另一种是提前确认收入。虚构的收入和提前确认的收入一般只会带来应收款项的增加，而不能带来货真价实的现金流入。无论虚构收入还是提前确认收入，其提供的财务报告都会严重误导财务信息的使用者，没有现金保障的销售收入真实性较低，存在造假的可能性也较大。

2. 利润操纵的识别

（1）利润缺乏可持续性。

利润若主要由营业利润构成，则其质量较高，可持续性较强；如果利润主要由一次性利得构成，则说明企业缺乏核心竞争力，盈利能力较弱，持续经营能力令人担忧。由于利用一次性利得粉饰经营业绩操作更容易、效果更直接明显，因此利用一次性利得操纵利润的手法被公司普遍采用。如果一家公司的盈余主要或者全部依赖于一次性利得，特别是净利润与主营业务收入相背离，那么这家公司存在利润操纵的可能性非常大。“巨额”利润的获得要么是由于公司的盈余质量较差，要么是财务舞弊在背后支撑。

（2）利润的现金保障度较低。

现金流是非常重要的，它不仅可以反映企业盈利能力的质量，还可以反映企业的支付能力和偿债能力。一般而言，企业的利润可以通过各种手段和会计方法予以操纵，但是操纵现金流的难度却很大，分析企业的价值和盈余质量时，一定不要忘记分析现金流量。有些企业净利润很高，经营现金流量净额却很低甚至为负，这是问题十分严重的征兆。这些“纸上富贵”的公司实施财务舞弊的可能性较大，因为虚构的交易收入可以带来虚假盈余，但那些所谓应收账款是不可能带来现金流量的。

四、财务报告舞弊的主要项目识别技巧

货币资金和销售与收款循环、采购与付款循环、存货与仓储循环、筹资与投资循环均密切相关，并且其业务与内部控制有着不同于其他业务循环的鲜明特征。

（一）货币资金和销售与收款循环的识别

货币资金包括库存现金、银行存款和其他货币资金，其中银行存款是货币资金的主要组成部分。

在该业务循环中，企业客户违背认定的常见手段有：贪污货款或虚报支出。即在销售时销售收入不开票不入账或少入账；或者通过涂改单据以少报多，虚报冒领；私挪库存。以伪造的单据、不实的单据或不合手续的临时单据抵冲库存现金并挪用抵冲库存部分；私作折扣或少报折扣。即利用“折扣”之机，将不应享打折扣的客户私作折扣，从中贪污；或在购买商品时将享受的折扣以多报少，或将已享受的折扣列为未享受的折扣进行贪污；故列呆账，即故意将难以收回的应收账款列作呆账，予以转销以便收回时予以贪污；张冠李戴或虚设账户，如收到现金不计入现金账户而是计入费用等其他账户，或借记虚假应收账款账户抑或贷记真实的应收账款账户；或在应收账款账户中设置虚假账户用以记录某些赊销事项，收到款项时据为己有，将明细账户作为呆账注销；重报单据或隐瞒退货；截留挪用或增加合计数，即在现销或收到应收账款时，先作正确分录，正确入账，但在加计汇总时少计以贪污；或者在支出现金时先作正确分录，正确入账，但在加计汇总时多记现金贷方数或有关账户借方数以贪污多记的现金。

销售与收款业务循环如果控制失效，会增加主营业务收入、应收账款、坏账准备等财务报表项目相关认定的舞弊风险。在该业务循环中，企业客户违背认定的常见手段有：虚构销货业务，违背“发生”认定；提前或推迟确认收入，违背“截止”“计价”或“分摊”“发生”等认定；变更销售收入确认方式，违背“计价成分摊”认定；应收账款的入账金额不真实、不合法，违背“存在”“完整性”“分类”等相关认定。

计算银行存款累计余额应收利息收入，分析比较企业客户银行存款应收利息收入与实际利息收入的差异是否恰当，评估利息收入的合理性；关注是否存在高息资金拆借；计算存放于非银行金融机构的存款占银行存款的比例，分析这些资金的安全性。检查银行存款余额调节表是证实资产负债表中所列银行存款是否存在的重要措施。必要时，编制银行存

单检查表，检查银行存单是否与账面记录金额一致，是否被质押或限制使用，存单是否为企业客户所拥有。

（二）应收账款及坏账准备的识别

复核应收账款借方累计发生额与主营业务收入是否配比，并将当期应收账款借方发生额占销售收入净额的百分比与企业客户管理层考核指标比较，如存在差异应分析原因。

计算应收账款周转率、应收账款周转天数等指标，并与企业客户以前年度指标、同行业同期相关指标对比分析，检查是否存在重大异常。可以通过编制或索取应收账款账龄分析表来分析应收账款的账龄，以便了解应收账款的可收回性。必要时可以对应收账款函证。

应收账款明细账余额一般在借方，在分析应收账款明细账余额时，如果发现应收账款出现贷方明细余额的情形，就应查明原因，必要时建议做重分类调整。计算坏账准备余额占应收款项余额的比例，并与以前期间的相关比例核对，检查分析其重大差异，以发现存在重要舞弊事项的领域。

（三）主营业务收入的识别

将本期与上期的主营业务收入进行比较，分析产品销售的结构和价格的变动是否正常，并分析异常变动的原因；比较本期各月各种主营业务收入的波动情况，分析其变动趋势是否正常，并查明异常现象和波动的原因；计算本期重要产品的毛利率，分析比较本期与上期同类产品毛利率变化情况，注意收入与成本是否配比，并查清重大波动和异常情况的原因；计算重要客户的销售额及其产品毛利率，分析比较本期与上期有无异常变化。可以对主营业务收入实施截止测试，其目的主要在于确定企业客户主营业务收入的会计记录归属期是否正确，应计入本期或下期的主营业务收入是否被推延至下期或提前至本期。

财务信息虚假极具危害性，它不仅误导投资者和债权人，使他们根据失实的财务信息作出错误的判断和决策，而且导致政府等监管部门不能及时发现、防范和化解企业和金融机构的财务风险。所以要准确地识别财务报告的舞弊成分，合理判断被遗漏的重要信息。

第六章 企业财务报告发展研究

企业的财务信息往往受到多方面因素的影响，传统的财务报告分析体系已经很难适应现阶段企业创新发展的需求，因此，需要对企业的财务报告分析体系展开针对性的创新和完善，结合企业财务报表的相关信息，提升企业财务报告的准确性和科学性。

第一节 新会计准则下财务报告分析的思考

新会计准则对财务报告分析具有双重影响。一方面，新会计准则对公司财务信息的确认、计量和披露提出了更高的要求，为财务报告分析提供了更多的原材料。比如，“无形资产”准则将企业的研究与开发支出区别对待，允许开发支出予以资本化，财务分析人员因而可以得到上市公司开发阶段的具体数据，便于分析科技及创新类企业的业绩及现金流，提高这类公司的估值水平。另一方面，因为公允价值计量属性的引入和公允价值的难以取得，无法杜绝上市公司发布虚假信息的可能性，这不仅加大了分析难度，同时也有可能使分析结论的准确性受到影响。

一、新会计准则的特点

随着改革的进一步深化，世界经济一体化趋势进一步加强，国际资本市场全球化进程的加快和知识经济的飞速发展，会计理论也在不断发展、日臻完善。为使会计信息更准确、客观地反映各种复杂的经济业务，我国陆续颁布了一些具体会计准则。同时，具体会计准则的制定以及没有具体会计准则规范的交易或事项的会计处理问题越来越引起大家的关注。我国加入 WTO 以后，会计准则的国际化趋同需要也日益迫切。我国同国际会计准则委员会充分协调之后，双方于 2005 年 11 月发表了联合声明，声明指出，中国将一贯积极支持和参与会计国际趋同，2006 年中国构建起与中国国情相适应同时又充分与国际财务报告准则趋同的、涵盖各类企业（小企业除外）各项经济业务、独立实施的会计准则体系。[①]

新会计准则的采用为企业财务报告的编制提供了更合理的方法，其主要是在会计基本方式假设、信息特征和质量、会计目标、会计要素的计量、确认和定义等方面进行了调整和规定，借鉴了国外财务报告编制中对我国有用的内容，促进我国会计工作更有序地进行。其具体特点总结为以下几点。

（一）对企业财务报表内容做了明确的规定

新会计准则在企业财务报表中又重新增加了一个方面的内容，即为所有者权益变动表，这个报表的增加，促使我国企业财务报表和国际上报表的基本结构相一致，并且把表明企业财务状况的说明书进行了统一性取消，更方便了企业财务报告的编制。一般情况下，财务状况说明书涉及的范围比较广泛，基本上包括企业运营状况、生产经营效果等方面，通过会计准则进行统一规范具有不妥之处。

（二）更加注重创新能力培养，促进企业更健全发展

目前我国社会市场竞争激烈，企业要想较好发展，必须进行自主创新和技术升级，不断提高企业创新能力和人力资本质量。另外，企业的发展也离不开外部环境的建设，每一个企业都要承担相应的责任。新会计准则中关于企业职工薪酬、研发费用资本化以及特定固定资产的计价等方面的规定，都充分反映了企业承担社会责任并进行创新的重要性。

（三）对利润表中的列报项目进行改进

对利润表中的单列项目进行优化和改进，更明确地表达了各个报表之间的关系。同时，把利润表中的项目规划得更细致和明确，促使报表更加具有可理解性和有用性，每一个项目都更加明确和清晰，方便了企业利润表的编制。

二、新会计准则对上市公司财务报告的影响

（一）公允价值成亮点

由于公允价值的应用，计量成为会计准则修改中的一大亮点。公允价值亦称公允市

---

① 张效莲. 新会计准则讲解［M］. 济南：济南出版社，2006.

价、公允价格，它和历史成本一样，也是一种计量属性，是指在公平交易中，熟悉情况的当事人自愿据以进行资产交换或债务清偿的金额［国际会计准则委员会（IASC）］。可见，公允价值是在公平交易过程中产生的，它最忠实地反映了交易的实质，所以，市场交易越活跃，其生存的土壤越肥沃，其优点表现得也越突出。

与历史成本下的信息相比，公允价值信息更多地反映现在和未来而不是过去，更多地反映了市场对企业资产或整体价值的评价，可以与“资产负债表观”较好地吻合，它有助于会计信息使用者对未来做出合理的预测，并有利于验证其以前所做预测的合理性。公允价值信息有助于投资者、债权人和其他使用者对企业的投资和融资决策进行评价，从而有助于其作出正确的决策，所以更具有相关性。公允价值信息的不足就在于其可靠性较差。由于公允价值是在现实的交易或虚拟的交易过程中确定的，其中存在着很大的估计性、复杂性和不确定性，可能会给少数企业利用公允价值进行利润操纵以可乘之机，相对较高的成本也是其不能忽视的缺点之一，在缺乏活跃市场的情况下更是如此。而历史成本在可靠性方面的优势则比较突出，因为它具有合法的原始凭证，因而更具有客观性，减少了人为的判断。

面对会计信息质量的两个主要特征——可靠性和相关性，历史成本与公允价值的斗争就从来没有停止过。从上述分析可见，二者各有优劣。如何合理利用二者一直是会计界努力解决的问题。美国会计准则和国际财务报告准则比较侧重公允价值的应用，以体现会计信息的相关性。据悉，财政部为此多次与国际会计准则理事会讨论相关问题。考虑到中国市场发展的现状，市场经济已得到了很大的发展，会计计量环境也发生了很大的变化，特别是近几年，衍生金融工具在我国得到了极大的发展，其种类越来越多，运用也日益频繁。目前我国商业银行正在进行交易的衍生金融工具具有互换、期权及少量的外币远期合约。另外一些交易品种，如股指期货也在考虑之中。可见，衍生金融工具大多属于待履行的合约。这些游离于表外的项目对企业的财务状况和经营业绩起着非常重大甚至生死攸关的影响，常使表面上“风平浪静”的资产负债表“暗藏汹涌”，或使表面上“穷途末路”的企业“柳暗花明”，表里表外两张皮。在这种情况下，以历史成本作为金融资产和金融负债的计量基础，显然阻碍了衍生金融工具的确认，而公允价值则显出了它的优势，具有相关性，并且对于有交易价格的金融工具来说，公允价值的可靠性也要优于历史成本。

所以，选择历史成本还是公允价值计量，要视不同情况和不同的会计环境而定。此次准则体系中主要在金融工具、投资性房地产、非共同控制下的企业合并、债务重组和非货币性交易等方面采用了公允价值。从总体上说，新会计准则体系对公允价值的运用还是比较谨慎的。

（二）利润调节受限制

38 项具体会计准则的变化，主要体现在存货管理办法、各种资产减值准备计提、债务重组方法等变革中。

（1）存货管理办法变革。新存货准则下，取消了“后进先出”法，一律使用“先进先出”法记账，这对生产周期较长的公司将产生一定影响。原先采用“后进先出”法、存货较多、周转率较低的公司，采用新的存货记账方法后，其毛利率和利润将出现不正常的波动。例如，采用“后进先出”法的家电上市公司，在显像管价格不断下跌的过程中，一旦变革为“先进先出”法，后果将是成本大幅上升，毛利率快速下滑，当期利润下降。

（2）资产减值准备计提变革。针对借减值准备的计提和转回操纵利润的问题，新资产减值准则明确计提的减值准备不得转回，这也是新会计准则与国际财务报告准则的实质性差异之一。值得关注的是，一些利用大幅计提减值准备进行利润调节的公司，有可能在2006 年将减值准备冲回，否则 2007 年执行新会计准则后，这些“隐藏利润”将再也没有机会浮出水面。从上市公司实际计提的减值准备来看，一些公司的减值准备甚至超过了当期净利润。这些公司若在 2006 年年报中转回部分减值准备，其利润将大受影响。

（3）债务重组方法变革。新债务重组准则改变了“一刀切”的规定，将原先因债权人让步而导致债务人豁免或者少偿还的负债计入资本公积的做法，改为将债务重组收益计入营业外收入，对于实物抵债业务，引进公允价值作为计量属性。按照新规定，一些无力清偿债务的公司，一旦获得债务全部或者部分豁免，其收益将直接反映在当期利润表中，可能极大地提升其每股收益水平。因此，那些负债金额较高又有可能获得债务豁免的公司，值得投资者关注。

（三）企业合并有变化

在新的具体会计准则中，企业合并会计也发生了变革。

（1）企业合并会计处理方法的变革。新准则规范了不同性质合并的会计处理方法。目前中国的企业合并大部分是同一控制下的企业合并，这不一定是合并方和被合并方双方完全出于自愿的交易行为，合并对价也不是双方讨价还价的结果，不代表公允价值，因此应以账面价值作为会计处理的基础，以避免利润操纵。非同一控制下的企业合并（包括吸收合并和新设合并）可以有双方的讨价还价，是双方自愿交易的结果，因此有双方认可的公允价值，并可确认购买商誉。

（2）合并报表基本理论的变革。与《合并会计报表暂行规定》相比，新的合并财务报表准则所依据的基本合并理论已发生变化，从侧重母公司理论转为侧重实体理论。合并报表范围的确定更关注实质性控制，母公司对所有能控制的子公司均需纳入合并范围，而不一定考虑股权比例。所有者权益为负数的子公司，只要是持续经营的，也应纳入合并范围。这一变革，对上市公司合并报表利润将产生较大影响。

（四）金融工具准则的变革

金融工具准则的变革。关于金融工具的四项具体会计准则主要适用于金融企业，这些准则对金融企业的影响是广泛而深刻的，上市或拟上市的金融机构则首当其冲。例如，准则规定衍生金融工具一律以公允价值计量，并从表外移到表内反映。这就要求上市银行和证券公司善用衍生工具这把“双刃剑”，因为表内化将对企业利用衍生金融工具进行风险管理的行为产生重大影响，企业不但要考虑现金流等经济因素，还要考虑衍生金融工具对报表的影响，以避免给报表带来过大的波动。

三、新会计准则体系下企业财务报告中存在的问题分析

新会计准则下，企业财务报告的编制不仅更加方便，而且是对企业长远发展能力的反映，但是随着目前知识经济不断创新发展，财务报告中存在的一些没有进行调整的问题越来越明显地阻碍财务报告的健全。企业在发展和创新的过程中需要对自身环境进行改变，同时要适应并突破环境变化，创造出更新型的发展方式。新会计准则下，企业财务报告存在的具体问题有以下几点。

（一）财务报告中揭示的信息不具有较强的前瞻性

财务报告是对企业经营和运营状况的反映，其使用者不仅要了解企业过去经营的状况，还要能够从财务报告中了解企业机遇和风险、盈利能力、企业管理者对企业未来发展的规划、发展基本状况等，需要对企业未来运营的价值进行了解，以便更好地为企业规避风险，并在适当时机作出恰当的决策。在我国的新会计准则中，主要是强调要较好地对企业已经发生过的活动进行总结，这就促使财务报告成了企业的历史报告，没有相关前瞻性的发展规划。新会计准则体系下，很多企业在财务报告中体现的数据只是局限于平时运营状况的基本描述，这就导致企业未来决策活动的数据信息和历史性记录不对称。

（二）会计信息的披露不及时

企业财务报告所披露的时间过于长久，假如企业年度报告披露的时间是在本年度末的四个月内，那么，其半年度报告则被要求是在企业中期活动结束之后的两个月内。目前，我国经济发展迅速，国际市场变幻也非常快，信息播报时间过长，容易造成信息失真，不仅不利于企业会计报表使用者决策，而且严重的会造成判断错误。在变幻复杂的大环境中，企业要想快速健全发展，需要取得健全准确的信息，进行正确的决策；要避免因为信息数据不及时而造成的决策失误，导致损失的状况发生，所以需要对企业财务报告数据信息的披露时间进行更深的修改。

（三）企业编制财务报告的结构存在不合理之处

财务报告编制的结构是否合理，对企业运营活动具有一定程度的影响。目前企业财务报告结构编制方面存在一定的问题，具体有以下几点。

1. 对企业中期财务报告的编制存在不足之处

依据企业会计准则规定，企业中期财务报告的编制所采取的会计政策要与企业年度会计基本报告相同，这个规定的颁布，虽然能够促进中期财务报告更加准确和可靠，但是导致企业中期财务报告的使用人，从中期财务报告中取得的那些对于企业年度报告有用的预测性数据没有太大的实施效果。另外，要求要细化中期财务报告附注，要把其中的要求列示清晰，并且面面俱到，这不仅会导致会计的工作量增加，而且还不具备比较明确的重点，对于报告中周期性和季节性的披露较笼统。

2. 企业现金流量表中，筹资活动分类方面存在问题

企业会计准则规定将现金流量进行划分，分为筹资活动现金流量、投资活动现金流量、经营活动现金流量三个部分。目前在企业筹资活动现金流量方面存在一定的问题，规定企业依据间接性融资和直接性融资把筹资活动中的现金流量分为债券发行、吸收投资两方面收到的现金。另外，又依据债务融资和权益融资分为两个方面，即偿还利息、分配利润和股利，偿还债务所支付的现金。在国际上规定的会计准则中，只是依据债务融资和权益融资进行分类，而在实际状况下，其操作更加简便。两种方法在我国会计工作中并存现象的产生不利于会计工作顺利开展，并且在概念上产生冲突和矛盾，对实际状况的操作具有一定的不妥之处。

四、新会计准则体系下企业财务报告的改进方式分析

对财务报告中存在的问题进行改进，有助于企业财务管理者更准确地记录企业运营状况和各项资料，同时也有助于报告使用者更好地理解报告中的信息，作出更正确的决策，促进企业健全发展。具体改进措施有以下几点。

（一）要编制有助于财务报告使用者理解的预测报告

为了更好地解决财务报告中的缺陷和不足，要实时编制预测报告。企业财务报告信息的使用者需要对企业作出有利于其投资的决策，就要对企业将来的经营状况进行了解，但是由于种种原因，会对未来企业经营预测产生一定的问题，并且财务报告本身的缺陷导致其不能作出更加合理的预测，不能较好地克服历史信息的不足。这就需要财务报告编制者编制有助于报告使用者进行决策的预测报告，促进其对企业未来状况的了解，作出符合企业运营的决策。

（二）要改变以往只是披露货币信息的现象

因为人力资本、衍生性金融工具以及知识资本等项目与企业传统会计要素的确认方式、标准以及定义不相符，并且它们也没有货币和实物形态，所以一直没有受到重视。但是，企业的报告体系需要对其进行计量和确认，并且由于行业竞争更为激烈，债券人和投资者又要求企业为其提供这些资料，所以需要对其进行改变。针对这些问题，可以通过对披露问题的解决，暂时把计量和确认问题绕过，等到外部和内部时机都成熟的时候再进行确认。在没有成功解决之前，务必遵守揭示原则，为用户提供比较健全的信息，促进其更快速地理解，同时要把握披露时间，做到及时性。

（三）要对企业财务报告进行简化，使其更易于理解和运用

对企业财务报告进行简化，有助于使用者更快地理解其内容，便于其运用。对财务报告进行简化，主要是指要依据企业不同财务报告的使用人进行不同程度的简化，依据每一个人的用途提供相应的财务报告，一般情况下主要包括经过压缩的财务评价和财务报表，附注内容不包含在内。所以说，经过简化的财务报告就相当于是一份报告摘要，是对企业整个财务报告的导读。

五、新会计准则下对财务报告分析内容和方法的思考

新会计准则下财务报告的内涵发生了巨大变化，新会计准则对财务报告的分析有双重影响。相应地，对财务报告分析的部分内容和方法应该有所变革。

（一）结合基本面将会计政策选择分析作为首要分析步骤

会计政策的选择形式上表现为企业会计过程的一种技术规范，但其本质却是经济和政治利益的博弈和制度的安排。新会计准则给予了企业较多的职业判断空间，公司管理层的会计政策选择对财务报告的形成有很大的影响。分析财务报告时，应该结合宏观基本面将分析、评价公司会计数据反映经济现实的程度以及执行会计政策的正确性作为首要分析步骤，分析公司运用会计政策灵活性的性质和程度，确定是否调整财务报告的会计数据，以消除由于采用了不恰当的会计方法而造成的扭曲，为高质量的财务报告分析做好准备工作。

如何实施会计政策选择的分析呢？笔者认为最重要的是分析程序，具体如下：①辨明关键的会计政策；②评价会计灵活性；③评价财务会计战略；④评价会计信息披露的质量；⑤辨明潜在亏损；⑥消除会计扭曲。

（二）挖掘新的财务比率指标，增加风险管理策略和财务预警分析

目前，财务比率基本上有四种类型：第一种比率概括了公司某一时点财务状况的某些方面，是两个“存量”项目的对比，通常称为资产负债表比率；第二种是损益表比率，概括了公司一段时间经营成果的某些方面，将利润表的一个“流量”项目与另一个“流量”项目做比较；第三种比率反映公司的综合经营成果，是将利润表中的某个“流量”项目与资产负债表的某个“存量”项目做比较，称为损益表与资产负债表比率；第四种是基于现金流量表的比率，特别关注收益与营业活动现金流量提供的公司收益质量方面的信息。

在新准则下如何挖掘新的财务比率指标，进而通过财务比率进行分析，有待进一步思考。比如“财务报告列报”准则中，企业的资产和负债根据判断标准区分为流动资产（负债）和非流动资产（负债），并给出了明确的分类标准。企业持有的金融资产划分为交易性金融资产、持有至到期的投资、应收款项以及可供出售的金融资产；企业的负债划分为以公允价值计量且其变动计入当期损益的金融负债和其他金融负债。同时“金融工具确认和计量”准则规定，交易性金融资产期末按公允价值计量（而不是现在采用的成本与

市价孰低法)，公允价值的变动计入当期损益，在利润表中单独列示为“公允价值变动净收益项目（净损失以‘-’号填列）”。试想，如果把利润表中“公允价值变动净收益或净损失”项目与“净利润”项目做比较，计算出公允价值变动净利润率，考察公允价值变动对净利润的贡献；或者把资产负债表中的平均“交易性金融资产”项目与利润表中“公允价值变动净收益或净损失”项目做比较，计算出交易性金融资产公允价值变动率，这些都应该是可行的，但是如何判断指标的信息含量呢？这些指标是越高越好，还是越低越好？“公允价值变动净利润率”越高，代表公允价值对净利润的贡献越大，但同时意味着损益波动性大，市场风险高，因为交易性金融资产的公允价值企业是没有办法左右的。交易性金融资产的风险管理评价指标、管理策略和财务预警分析体系还有待进一步探讨。

（三）强调分部报告在财务报告分析中的地位和作用

“分部报告”准则推出后，对分部报告进行分析无疑是必要的，但是财务报告信息使用者，甚至证券分析师对企业分部报告的分析，如果仍然停留在传统的行业分析和地区板块分析上，可能就不能满足需要，甚至得出错误的判断。分部报告分析是一个比较复杂的过程，对分部的分析主要是为了评价企业整体的风险和报酬，分析方法除了以比较分析法和因素分析法为主外，还应结合各分部所处行业的发展趋势、区域经济条件、产品生命周期、主要客户财务状况和经营成果，甚至国内外的政治发展情况等各种因素，以确定这些环境因素对各分部发展前景及整个企业的预期报酬与承担的风险产生的影响。如何从分部报告披露的信息中，更清楚地了解企业的业务模式，取得归属于各业务的数据，从而建立盈利预测模型，对公司业绩进行更准确的预测来降低投资风险，值得我们思考。

（四）关注合并报表在企业集团财务管理中的作用

合并会计报告与个别报告相比，在编制基础、编制方法、信息含义等诸多方面的特殊性，使合并财务报告的分析有其独特之处。比如，一般情况下，一个企业的负债能力依据其自有资本、还款可能性和提供的担保而定。但是企业集团在负债能力上具有杠杆效应，这种杠杆效应产生控股使企业规模日益庞大并形成一个金字塔式的控制体系，这种一层一层连锁控股导致多次运用同样的永久资本、同样的不动产而取得不同的借款，从而导致负债的可能性增加，对其控制的资产和收益发挥很大的杠杆作用。显然，企业集团财务报告分析的任务之一是通过合并报表，结合对母公司、子公司单个报表的分析，有效利用这种资金金字塔杠杆效应，并密切关注由此可能出现的财务风险。因此，就拥有数家被投资企业而本身又为经营实体的母公司而言，决策所依据的会计信息是个别报表还是合并报表？哪些方面的决策依据合并报表？哪些决策依据母公司本身的报表？合并报表在集团财务管理中能够起到哪些作用？以上这些问题都值得进一步深入思考。

（五）突出战略分析的内容和方法

财务报告分析有其固有的缺陷，何况财务报告分析仅仅是企业战略分析的必要步骤，应该在进行财务报告分析的同时，结合企业的客户维度、内部业务流程维度、企业成长维度等方面进行全方位的、系统的分析，辨明关键动因和商业风险，从而对具有战略重要性的领域做全方位的思考，以保持经营战略的一致性。

（六）分析方法

在继续使用趋势分析法、结构分析法、财务比率分析法的基础上，可以找寻更多的方法将其运用到财务报告分析中来。比如时间序列法。时间序列分析是将某一现象所发生的数量变化按时间的先后顺序进行排列，以揭示随着时间的推移这一现象的发展规律，从而预测现象发展的方向及其数量的方法。20 世纪 70 年代兴起的实证会计研究就是利用这一方法，得出许多令人信服且有意义的结论。目前，实证会计研究方兴未艾，预示着时间序列分析法在财务报告分析中的前景是光明的。

第二节　“互联网+”时代下网络财务报告系统研究

一、“互联网+”概述

要了解“互联网+”，先要了解什么是互联网。互联网又称国际网络、因特网，是网络与网络之间连接而成的庞大网络，这些网络以一组通用的协议相连，形成逻辑上的巨大国际网络。互联网起源于阿帕网（ ARPRnet ），是 1969 年美国国防部为军事目的而建立的简单网络。之所以称其“简单”，是因为最开始时阿帕网只连接了 4 台主机。1972 年，阿帕网被公开展示时，由于学术研究机构及政府机构的加入，这个原本只有 4 个节点的“网络之父”系统已经连接了 50 所大学和研究机构的主机。之后，越来越多的节点被并入网络。1986 年，美国国家科学基金会（NSF）资助建立了 NSFnet 网络。1988 年，NSFnet

代替阿帕网成为互联网的主干网。1989 年，阿帕网解散，互联网从军用转向民用。1994 年，美国的商业机构全面接管互联网，使其从单纯的科研网络摇身一变为一个世界性的商业网络。若从技术的角度定义互联网，其是指全球性的信息系统：①通过全球性的唯一地址逻辑地连接在一起，这个地址是建立在“互联网协议”（IP）或今后其他协议基础之上的；②可以通过“传输控制协议”和“互联网协议”（TCP/IP），或者今后其他接替的协议，或与“互联网协议”（IP）兼容的协议进行通信；③可对公或向个人用户提供建立在通信及相关的基础设施之上的高质量服务。时至今日，互联网已渗透到人们生活中的各个方面，人们的工作、学习、购物、通信等日常活动已离不开它。

普适计算之父马克·维瑟说：“最高深的技术是那些令人无法察觉的技术，这些技术不停地把它们编织进日常生活，直到你无从发现为止。”互联网正是这样的技术，它正潜移默化地影响着我们的生活，改变了传统的信息“传播”模式，重构了更加先进的“生产关系”，与我们的环境融为一体。

（一）“互联网+”的提出

2011 年，百度 CEO 李彦宏在题为“中国互联网创业的三个新机会”的演讲中说道：“早晨我跟优卡网的 CEO 聊天，他把很多时尚杂志的内容集成到网站上，我就问他说，为什么这些时尚杂志不自己做一个网站而让你们去做呢？更主要的是他们没有互联网的思维，这不是一个个案，这是在任何传统领域都存在的一个现象或者一个规律。”李彦宏所说的互联网思维总结起来大概包括以下几点。

（1）根据用户的需求去做产品，也就是产品生产区域定制化。

（2）顺应变化，不断通过市场的变化和用户的反馈，来调整自己的产品。

（3）免费和增值服务，如吃牛腩送定制筷子。

（4）重视用户体验，这一点很关键。

互联网思维的广泛应用，促进了其与各个行业的深度融合，这种深层、广泛的融合产生了一个全新的概念——“互联网+”。最早使用“互联网+”这个词的人是当代生态思想家张荣寰。2007 年 4 月，张荣寰在生态文明论中提出生态文明理论和新型城镇化，继而提出互联网思维并给出推动中国发展的三个引擎模式：全然生态文明发展模式，即“世界+全然思想+生态系统”；国家生态文明发展模式，即“国家+互联网+生态系统”；商业生态文明发展模式，即“依托市场+互联网+生态系统”。

（二）“互联网+”的含义

所谓“互联网+”，是指以互联网为主的一整套信息技术（包括移动互联网、云计算、大数据技术等）在经济、社会生活各部门的扩散、应用过程。简言之，“互联网+”是以互联网平台为基础，利用信息通信技术与各行业的跨界融合，推动产业转型升级，并不断创造出新产品、新业务与新模式，构建连接一切的新生态。互联网作为一种通用目的技术，和100年前的电力技术、200年前的蒸汽机技术一样，将对人类经济社会产生巨大、深远而广泛的影响。从“互联网+”的概念中可以提炼出它的四个基本要素：一是技术基础，即构建在现代信息通信上的互联网平台；二是实现路径，即互联网平台与传统产业的各种跨界融合；三是表现形式，即各种跨界融合的结果呈现为产品、业务、模式的不断迭代出新；四是“互联网+”的最终形态，即一个由新产品、新业务、新模式构成的，动态的、自我进化的、连接一切的新生态。这四个要素形成一个自然的递进关系：在技术基础之上，依循跨界融合的实现路径，融入互联网基因的新产品、新业务、新模式不断演进，最终达到“互联网+”在微观上连接一切、在中观上产业变革、在宏观上经济转型的动态平衡。

马化腾认为，“互联网+”是一个趋势，“+”指的是各种传统行业。当互联网加上媒体后，产生了网络媒体。较早开始宣传“互联网+”概念的易观国际集团董事长兼CEO于扬认为，未来“互联网+”应该是我们目前所在行业的产品和服务在与未来多屏全网跨平台用户场景结合之后产生的一种化学公式。例如，传统的广告+互联网成就了百度，传统的集市+互联网成就了淘宝，传统的百货商场+互联网成就了天猫，传统的银行+互联网成就了支付宝，等等。

从中我们可以发现，传统行业架构中无论主干还是末支领域，每一处都有着巨大的市场力量，而互联网更多的是一种经营工具和渠道。在“互联网+”时代，互联网能够得到每个行业的信息，并且能将众多行业的信息汇总到一处，实现整个市场的宏观观察。另外，互联网打破了市场交易环节中的信息不对称，能通过已有信息和智能算法为客户创造更加舒心的体验，这样的新变化为市场带来了新的机遇和挑战。我们不妨从“互联网+”的字面意义来解读它。“互联网+”中的“互联网”包括目前的PC端和移动端，其中又有各种技术方法和工具；“+”号是相加运算符号，它连接了左侧的“互联网”和右侧使用互联网的具体主体。这里的主体既可以是使用互联网的个人、企业，又可以是某个具体的产业、某个具体城市或者整个国家，总之就是互联网所服务的对象。在市场中，其指的就是众多的个人和企业或者整个产业。

要理解“互联网+”的定义，必须明确两个前提，并从两方面解进行读。两个前提：

其一，“互联网+”是以最浅显易懂的方式来描述互联网环境下的商业模式的。“互联网”是泛指，所“+”也有多种形态。比如，淘宝是“互联网+集市”，天猫是“互联网+百货商场”，早期的腾讯和京东则可以认为是“互联网+游戏厅”和“互联网+电脑城”。这样能清晰地帮助企业明确自己的战略路径，也能让消费者直观地了解企业的定位。

其二，“互联网+”最关键的不在于互联网工具，而在于应用互联网的主体。可以说，两者是螺旋式上升的关系，互联网会加快生产领域和社会关系变化的进程，这种变化又会推动互联网在技术上的进一步创新，同时在思维模式上进行更深层次的改造和升华。

两方面解读：

其一，深刻认识重要性。“互联网+”具有超乎寻常的价值，企业发掘本行业的互联网特质，将互联网引入产业中，使互联网成为推动企业发展的快车道，这是互联网时代各个企业都应重视的内容。

其二，需要具备快速行动力。有些企业没有意识到互联网对自己行业产生的影响，没有把握住其所带来的机遇和挑战。事实上，企业应该用发展的眼光看待问题，并且根据自己的实际情况作出行动，这样才不会被时代抛弃，甚至会站在时代前沿，实现企业的发展和壮大。

二、网络财务报告概述

（一）网络财务报告的内涵及层次

网络财务报告的内涵因环境的变迁、网络技术的发展而不断发展。在现有技术条件下，网络财务报告是指企业通过网络披露企业各项经营业务与财务信息，并将反映企业各种生产经营活动和事项的财务报告存储在可供使用者随时查阅的数据库中，供使用者查询企业的财务状况、经营成果、现金流量及其他重要事项。

网络财务报告分为以下三个层次。

（1）在线财务报告。在线财务报告是指企业在国际互联网上设置网站，向信息使用者提供定期更新的财务报告。

（2）实时财务报告。它指整个会计循环通过网络自动完成，从原始数据的录入到数据处理再到生成财务报告都通过联网的计算机来完成。在这一阶段，用户可随时获得实时报告信息。

(3) 按需定制的财务报告。这是网络财务报告的高级阶段，指以披露通用目的财务报告为基准，进一步披露企业经过编码的经济事项源数据。可根据用户的选择自动定制用户所需的财务报告。随着 XBRL 分类体系构建完毕，经过测试并广泛投入使用，定制报告模式也成了现实。

(二) 网络财务报告的新模式——XBRL

XBRL 是可扩展商业报告语言（eXtensible Business Reporting Language）的缩写，是一种基于可扩展标记语言（XML）框架，专门为公司编制和发布网络财务报告而开发出来的语言。有了 XBRL 就能够实现按需定制的目标，也能整合财务信息供应链上各方的利益。微软是第一家以 XBRL 格式进行财务报告的高科技公司，使用者可以使用 XBRL 在线数据库进行数据分析。目前，我国深圳证券交易所和上海证券交易所已经开始使用 XBRL 格式进行财务报告的编制。在两大证券交易所网站上，信息使用者都可以直接获取多样化的财务报告，可以进行财务指标分析、数据查询、财务信息分析，从而满足使用者多样化的需求，对其进行正确决策起到很大的帮助作用。

基于 XBRL 的网络财务报告具有以下特点。

(1) 无须改变现存的会计规则，也无须公司额外披露超出现有会计规则要求的信息，只是改进了编制、分析与发布企业报告信息的流程。

(2) 以标准化的标记来描述和识别每个财务信息项目，即为每个财务项目定义标记(tags)，使财务报告的编报标准趋向统一。

(3) 可以编制、发送各种不同格式的财务信息，交换与分析财务报表中所含的信息。

(4) 可以允许使用者跨系统平台传递和分析信息，降低信息重新输入的次数。

(三) XBRL 网络财务报告的信息披露

XBRL 根据财务信息披露规则，将财务报告内容分解成不同的数据元，再根据信息技术规则给数据元赋予唯一的数据标记，从而形成标准化规范。以这种语言为基础，通过对网络财务报告信息的标准化处理，可以将网络财务报告中不能自动读取的信息转换为一种可以自动读取的信息，大大方便了对信息的批量需求和批量利用。

XBRL 网络财务报告的信息披露包括以下几个层次。

第一层次，主要是对传统会计报表内容进行披露，包括资产负债表、损益表、现金流量表及其附注。

第二层次，对其他财务报告进行披露。如设立专用报告专区，针对不同的使用者或使用者集团进行披露。考虑到不同类型使用者之间的信息差别，应有选择地和重点针对特定使用者披露特殊信息，提供内容（或时间）上有差别的报告。

第三层次，对一些在传统会计报表基础上扩展出来的信息进行披露。如对在企业的生存与发展中占举足轻重地位的智力资源信息或类似的知识资本进行披露；对不符合传统会计要素定义与确认的标准，且不具有实物形态的衍生金融工具信息进行披露。

第四层次，报告一些非财务信息。非财务信息是指诸如企业背景、企业关联方信息、企业主要股东、债权人及企业管理人员配备的信息。为了增加企业信息的透明度、增加受托责任与诚信度，还要对具体的公司信息进行披露，如战略、计划、风险管理、薪酬政策等信息。

第五层次，主要是指对以多媒体技术在公司网站上提供股东大会、董事会或其他重要会议的现场纪实的录像或录音等信息的披露。在网站上进行多层次信息的披露，除了应提供当年的信息数据外，为了满足信息使用者的需要，还可以提供历史的数据，其内容也以多层次的信息模式为依据。

XBRL 作为财务信息处理的最新标准和技术，增加了公司财务报告披露的透明度，同时极大地提高了财务报告信息处理的效率和能力，它的应用必将会给我国财务报告的披露带来历史性的变革，成为企业财务报告的发展趋势。

三、网络财务报告系统概要

网络财务报告被国际会计准则委员会（IASC）解释为“企业通过万维网或者相关的基于 Internet 的通信技术来公开报告经营和财务数据的一种方式”；而美国财务会计准则委员会（FASB）从现实和内容两个基本维度讨论，将网络财务报告定义为“一种新的信息流结构或报告”。以上两种观点均认为网络财务报告是传统财务报告发展的必然趋势。而网络财务报告系统就是以网络财务报告为基础，突破传统财务报告的认识束缚，综合考虑多元性、相关性、完整性构建的一套完善财务会计信息披露的体系。

网络财务报告系统不属于传统财务报告披露形式和方式的简单拓展，而是基于现代信息技术环境下企业提供全面财务信息服务的新型交流平台。因此，网络财务报告系统的构成应结合提供者视角和使用者视角全面考虑：从财务信息披露企业来看，这套系统包括网络财务报告的设计、生成、披露以及后台支持和维护；从用户角度出发，这套系统包括网络财务报告信息、网络财务报告工具以及保证系统正常运行的网络财务报告安全体系三个方面。网络财务报告信息作为整个系统的核心要素包括网络财务报告披露的内容、形式和披露渠道三个方面；网络财务报告工具是指帮助利益相关者获取和使用网络财务信息的二次加工工具；网络保证网络财务报告系统正常运行的财务报告安全体系是指具体的软件安全措施。

笔者认为，随着现代信息技术的深入应用，企业财务信息披露必须突破对传统财务报告的认识束缚，构建全面的网络财务报告系统。网络财务报告系统不是财务报告披露形式或方式的改变或拓展，而是一种基于现代信息技术条件下企业提供财务信息服务的财务报告体系。图 6-1 所示为网络财务报告系统的构成。

从发布公司的角度看，网络财务报告系统包括网络财务报告的设计、生成、披露和支持维护；从使用者的角度看，它包括网络财务报告信息、网络财务报告工具和网络财务报告安全体系三部分。其中网络财务报告信息包括网络财务报告披露的内容、形式和渠道；网络财务报告工具指用户获取和使用网络财务信息的加工工具；网络财务报告安全体系指保证网络财务报告系统正常运行的安全措施。

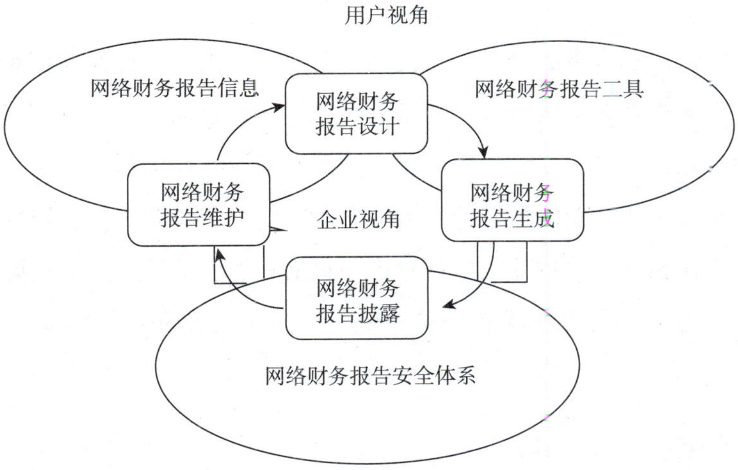

图 6-1　网络财务报告系统构成

四、实时财务报告系统的实现及其特点

企业要实现网上实时财务报告系统，首先要在企业内部局域网（Intranet）中实现企业的会计信息系统和管理信息系统的信息集成，这可以通过建立企业的中心数据库或信息中心来实现，各信息子系统用户在终端上对企业经营活动和会计信息的记录，都将会在中心数据库中作出添加记录、更新记录、修改记录等操作；其次是将企业内部局域网

（Intranet）与国际互联网（Internet）相连，建立自己的网站，网站中安装实时财务报告系统，而实时财务报告系统中所用到的数据信息则来源于企业内部局域网的中心数据库。

这样就可以实现企业内部局域网和国际互联网上企业的网站之间的数据共享和同步更新。实时财务报告信息由网站技术人员对数据库信息进行网页化处理后上传到网站上供用户浏览，同时用户也可根据需求自己定制所需信息，通过 ASP（Active Sever Pages）等动态页面生成技术即时生成所需的财务信息页面。这样的网络实时财务系统具有以下的特点。

（一）信息提供的及时性

在信息高速公路上，由于企业网站上的财务信息直接来源于企业内部局域网中的中心数据库，这样，在任何时点，信息使用者都可以从网络上获得企业最新的财务报告，而不必等到一个会计期间结束后才可获得。即信息使用者可以实时了解到企业财务信息的变化情况，企业经营活动的延续性和信息披露的滞后性的矛盾也将不复存在。

（二）信息提供的全面性

随着网络经济的飞速发展，会计信息使用者已经不再满足于仅仅了解企业过去的财务信息，他们还要了解企业未来的以及非财务的信息。实时财务报告系统可以提供全方位的财务信息和非财务信息，既要对传统财务报告中涉及但没有详细披露的财务信息做进一步的丰富充实，比如金融工具及无形资产、人力资源等信息，又要对传统财务报告中没有涉及的非财务信息作出披露，这些非财务信息主要包括：经营业绩信息、前瞻性信息、背景信息等等。这些信息对于信息使用者评价企业过去、了解现在和预测企业未来是非常有用的。

（三）信息提供的多样性

在企业未来的网上实时财务报告系统中，将是一个精美多彩的多媒体界面，提供的信息形式也将是多种多样的。在企业网站的超文本（HTML）格式的网页上，既有文本格式的文字信息和各种图片信息可供浏览，也有 PDF 格式的年报中报供下载，甚至可以提供视频流和音频流信息，比如，公司的介绍、重大财务活动可以视频新闻的形式，使人一目了然，可听可视。

（四）信息分析的便利性

网上实时财务报告系统所提供的财务信息数据，可以被随意移植使用分析，并且可以直接使用网站上提供的财务分析软件加工出所需的财务分析指标。并且企业同期和历史的财务资料数据或同行业资料、表中某一数据所相关的其他数据，也可以按需求调出供分析使用。网上的实时财务报告系统，超越了传统财务报告披露方式在分析便利性上的局限性。

五、实时财务报告系统面临的问题

（一）网络实时财务报告系统在系统安全上的风险

财务报告系统的网络实时发布，实现了会计信息资源的共享，但同时也将自身暴露于风险之中，这些风险主要来自企业内部的计算机舞弊的风险和网上黑客的恶意攻击。要对网上实时财务报告系统提供足够的安全保障，无疑应当从企业内部和外部双管齐下。首先要从制度上入手，在企业内部必须加强网络化电算化条件下的内部控制，加强用户权限管理，对输入、处理、输出环节要设定特定的控制程序。其次要从网络软硬件设备入手，在企业内部局域网（Intranet）和国际互联网（Internet）中安装设置防火墙（Firewall），建立虚拟专网（VPN）系统，保存详细的系统操作日志，设计授权和身份认证（CA）系统等。

（二）网络实时财务报告系统对网上审计提出新的挑战

在传统财务报告模式下，对会计资料的审计一般采用审阅、核对、分析、比较和函证等方法，这些审计工作一般都是由人工进行的，而在对网络实时财务报告进行审计时，由于审计环境、审计线索、安全控制和审计内容的变化，决定了计算机辅助审计的技术是必不可少的。首先，审计人员要对企业内部局域网的会计信息系统和管理信息系统的处理和控制功能进行审计，这些审计要求有计算机软件专家的协助；其次，在网络化条件下，由于缺乏必要的审计线索，审计人员不得不使用计算机跟踪电磁性的审计线索，这些都对审计人员的自身素质提出了新的要求。另外，利用计算机辅助审计可以更快速、更有效地对电磁化的会计信息进行抽样、检查、核对分析、比较和计算，能有效地提高审计效率，扩大审计范围，提高审计质量。

六、网络财务报告系统发展建议

（一）公司层面，提高管理者重视网络财务报告系统程度

网络财务报告系统用户涵盖了政府单位、监管部门、金融机构以及众多海内外投资者等社会各方面利益相关者，发展网络财务报告系统关系到上市公司能否更加全面、实时地为用户提供网络财务信息服务，不但关乎公司价值，而且其作为完成社会信息化的核心要素，甚至影响国家信息化发展战略。公司管理者应该重视发展高质量网络财务报告系统的作用，严格执行信息披露方面的规定，在保证网络财务信息披露内容真实可靠的基础上加大对其的披露力度，从网络财务报告设计、生成、披露以及支持维护各环节考虑网络财务报告系统建设问题，使其真正成为提高公司价值、为众多利益相关者提供服务的平台。

（二）标准层面，完善网络财务报告系统规章制度

网络财务报告系统是以网络财务报告为核心形成的财务会计信息披露体系，构建体系就要先从标准入手，没有标准，其质量也就得不到保障。至今，网络财务报告还没有一个国际通用的规范模式，这使网络财务报告的信息披露质量受到一定的质疑；相应的会计准则迟迟不出台将极大地阻碍网络财务报告的发展，也更难谈及发展高质量的网络财务报告系统。相关机构应加快制定网络财务报告准则框架和公司网站网络财务报告系统建设基本标准，阐明网络财务报告相关者的权利和义务，规范网络财务报告披露内容、形式，使公司披露信息有章可循，从而最终达到规范网络财务报告系统的目的。

（三）监管层面，加强网络财务报告系统监督管理

网络财务报告系统的监管应内外结合，从内部控制和外部审计两方面入手。网络财务报告系统内部控制方面，企业可以设置网络管理中心，由其负责全盘规划和布局网络财务信息的相关工作。另外，要充分利用内部审计部门，优化配置相应专业人员，持续对网络财务信息系统的质量进行独立公正的监督评价。网络财务报告系统更需要外部审计的监督，要强化监管、审计部门的职能，重视对公司网络财务报告系统审计和鉴证的研究和实践，加快制定有关网络财务报告的法规和制度，出台相应的措施来保证网上披露内容的真实与可靠，从而使我国上市公司的网络财务报告系统从建设初期就处在良性发展轨道上。

针对企业的网络财务报告系统发展建议有以下几条。

1. 重视公司网站在网络财务报告系统中的作用

计算机网络已经成为社会生活中不可缺少的工具，它的重要程度随着我国社会信息化程度的提高正在迅速加强。笔者认为上市公司应该从设计、建设、维护各环节，全面、系统地考虑网络财务报告系统建设问题，使公司网站真正成为提高公司价值、为投资者和其他财务信息使用者服务的平台。

2. 进一步拓展网络财务报告系统披露的内容

（1）提高披露信息的细度和密度。信息透明是一切分析、监督、评价的基础。网络财务信息披露可以有效地降低市场中信息使用者的信息不对称，有利于提高信息使用者的公平信息地位，提高市场的信息透明度。这需要上市公司在合理把握商业机密尺度的基础上，提高信息披露的细度和密度。信息细度可以看作信息被分解分散在各种披露资料中的程度；信息密度是各种信息所能提供的相关信息量。由于上市公司信息披露包括强制性和自愿性两部分，这要求上市公司遵循强制性披露内容的同时，要更关注使用者的需求，自觉利用网络提高自愿披露信息的细度和密度。

（2）增加财务相关信息的披露。上市公司网络财务报告系统除了披露传统财务报表数据外，还应该充分借助网络平台，在公司网站上重视披露财务分析数据、分析师分析意见、股票交易信息和价格、最新的财务新闻、预测信息等，便于使用者使用。

3. 完善网络财务报告系统的披露形式和工具

网络财务报告系统的披露形式和工具是网络财务报告系统区别于网络财务报告的重要部分。应该坚持以下两点。

（1）披露形式多样化。为了让使用者更直观、更有效、更及时地了解和理解公司财务信息，除了传统的文字、图表外，借助信息技术上市公司可以选择更多信息披露形式，如财务信息的 flash、财务信息的 video、在线交互、公司微博、论坛、电子杂志、RSS 订阅等。

（2）随着上市公司网络财务信息披露形式的多样化，以及信息细度和密度的提高，使用者需要对这些信息进行深入的挖掘、分析和利用。因此上市公司除了关注披露内容外，还应该重视提供相应的链接和加工工具，比如不同报告之间的链接、数据加工工具、下载工具、挖掘工具等。

4. 强化监管、审计部门的职能

（1）证监会和证券交易所应该积极推动上市公司网络财务报告系统披露内容和披露技

术的更新和发展。比如基于XBRL的网络财务报告标准已经开始实施，但目前只是停留在几张财务报表上，应该推动原始数据的XBRL实施进程。

（2）利用法律、规范、制度形式推动上市公司网络财务报告系统的发展。比如制定公司网站网络财务报告系统建设基本标准，使网络财务报告系统逐渐成为财务报告披露的主要平台，促进证券市场的透明化。

（3）审计部门应该重视对公司网络财务报告系统审计和鉴证的研究和实践，使我国上市公司的网络财务报告系统从发展初期就处于良性发展轨道。

此外，上市公司网站完善的安全措施也是网络财务报告系统准确、及时、正常运转的基础保证。

第三节　企业财务分析指标体系的缺陷及完善研究

一、我国企业财务分析指标体系概述

（一）企业财务分析指标体系的概念

财务分析指标是一个简单的形式，以数据作为语言的载体，表达财务信息、财务活动和财务管理，是企业财务管理中非常重要的内容。它作为企业信息化的重要资源，在为企业的决策者和管理者提供财务分析、作出科学的决策中发挥了积极的作用，支持和促进企业价值最大化。我国市场经济的不断进步，公司想要在市场竞争中寻得机会，就使公司的高层对财务信息的需求提出了更高的要求。因此，完善适应企业发展需要的企业财务分析指标体系已经刻不容缓。

（二）我国企业财务分析指标体系的现状

目前，我国企业财务分析指标体系的建立，分别从营运能力分析指标、偿债能力分析指标、发展能力分析指标和盈利能力分析指标四个方面予以考虑。具体如下。

1. 营运能力分析指标

营运能力分析指标是指基于企业内部人力资源和生产资料的优化配置，并通过市场环

境的约束而对财务目标所产生作用的大小。营运能力的分析不仅有人力资源营运能力分析，还有生产资料营运能力分析。此外，企业经营的目的是利润最大化和资产更高效地使用。利润主要来源于主营业务收入和营业外收入，企业必须有效运用资产才能取得营业收入。资产周转率更快，更高效地使用，说明企业利润更大。其主要指标有流动资产周转率和存货周转率、应收账款周转率和总资产周转率等。

2. **偿债能力分析指标**

偿债能力分析指标主要是关于企业偿还各种短期、长期应付账款的综合能力，偿还债务的水平也是企业利益相关者所迫切关注的问题。偿债能力分析可以用运动比率、资产负债率、现金流量负债比率等指标分析说明。因此，企业偿债能力取决于两个因素：一是企业能够转化为偿债的资产的数量。这一数量越大，企业的偿债能力越强。二是企业资产的变现率，资产的变现率越高，企业的偿债能力越强。

3. **发展能力分析指标**

发展能力分析指标是企业在持续经营的基础上，扩大产业规模和壮大企业经济实力的潜在能力，包括企业经济实力的扩大、利润的持续增长、所有者权益的增加及未来的发展趋势。一个企业的发展能力指标概括了该企业的盈利状况、管理效率和偿还债务的能力，是企业实力的综合概括。反映企业发展能力的财务指标包括产品销售增长率、资本积累率、资本保值增值率和三年销售平均增长率等。

4. **盈利能力分析指标**

盈利能力分析指标是企业获取利润的能力，它通常体现为企业的利润总额。一个公司盈利能力的大小取决于其实现的销售收入、发生的财务费用和产品成本这三个因素。对于企业管理者来说，可通过对盈利能力分析指标来评价和判断企业的经营成果，只有总结企业历史经验，才能不断提高企业盈利水平。一般企业的盈利能力指标有净资产收益率、总资产报酬率、主营业务利润率和资本保值增值率等常见的盈利能力评价指标，基本上所有的会计数据都是以权责发生制为基础评价的。

此外根据财务部统计司制定的评价标准内容进行分类，从盈利能力状况、营运能力状况、偿债能力状况、发展能力状况四个方面对企业财务状况进行分析，各个方面的详细指标内容如表 6-1 所示。

表 6-1　财政部颁发的企业指标体系简表

指标类别	盈利能力状况	营运能力状况	偿债能力状况	发展能力状况
指标项目	净资产收益率 总资产报酬率 资本保值增值率 主营业务利润率 盈余现金保障倍数 成本费用利润率	总资产周转率 流动资产周转率 存货周转率 应收账款周转率	资产负债率 已盈利息倍数 速动比率 现金流动负债比率	销售增长率 资本积累率 资本保值增值率 三年销售平均增长率

根据投资者经营类型，结合《中国企业财务通则》的相关规定，一般可以将我国财务指标体系归纳为：市盈率指标也就是企业股价水平是否处于合理区间，每股价格与每股盈利的比率；净资产指标包括每股净资产和其他相关的净资产收益率等指标；市净率指标主要是上市公司的股价与净资产的比率，正常情况下，市净率越低，那么股票风险低；利润值指标是企业的每股未分配利润，或者企业理念经营累计的未分配利润或者损益，是企业未来发展的重要基础，该指标主要是反映企业的账面盈亏情况。

（三）对我国企业传统财务分析指标的简评

我国现有的财务分析指标体系是偿债能力分析指标、盈利能力分析指标、营运能力分析指标和发展能力分析指标的平行排列，属于同一层面。因为偿债能力反映资产的使用效率，如果资产利用率更高，企业的偿债能力就越高，反之亦然。所以，营运能力可以看作在偿债能力的基础上发展起来的。发展能力是预测企业利润、收入、资产的变化趋势。如果企业总体收入、利润较高，则企业的发展趋势也会较好。发展能力反映的是企业产业规模的扩大和经济实力增长的潜力，其中包括利润的增长、所有者权益的增加等。所以，发展能力是企业盈利能力的延伸。

结合前文介绍，目前我国企业财务分析指标主要有两种分类：一种是结合财务分析的内容，将财务指标分为针对企业的几个主要的财务能力进行评价的指标体系，这些指标包括现今财务分析中最常使用的偿债能力分析指标、营运能力分析指标、盈利能力分析指标、发展能力分析指标等。另一种主要针对上市公司的财务分析指标，这些指标也是每一家上市公司的传统财务报表中都会体现出的内容，包括市盈率、净资产、市净率、利润值。

上述指标分别是针对企业的各项财务能力或者上市公司的某项财务风险而设定，投资者利用上述指标可以相对直观地了解企业目前的财务状况或风险情况，企业管理者也可以借此指标分析结果适度地开展后续财务管理与相应的管理工作。

二、企业财务分析指标体系的缺陷

（一）过度重视内部指标体系，现行体系混乱

内部指标体系，是为满足企业内部需要，根据企业性质和行业的发展前景，灵活设置其指标内容和标准。但是现代企业过多地重视内部指标的设置，积极拉拢投资，筹备资金，规划项目，一味地开展和启动计划，忽视企业自身的执行能力和水准，增加企业的资金负担，对外的贷款和债务越积越多，超过企业规模的负荷能力。内部对于投资的风险分析不够完整，对于项目的最终效益评估不精准，造成巨大的损失。过于指望内部分析数据的可观前景，未考虑后果，没能重视企业外部分析的后续影响，比如企业自身的偿债能力，抑或企业资产的运行效率，也不能把握企业运行的项目的盈利大小和后果。

部分大规模的企业财务分析指标制定得非常全面，但是在实际运用当中却并不会真正体现出来，甚至因为内部分划的问题，整个财务分析指标体系经常性混乱使用，抑或放弃某些指标的核算，后期的财务总结和核对总会出现纰漏，不严格执行财务分析指标的各项计算标准方法，为年终或季度的核算增加了难度，且企业账面多少不能一一对应。

（二）财务信息指标不符合实际，忽视持续发展

统计的财务信息是用于企业汇总财产收入的多少，这直接影响和决定企业的财务报表，数据的有效性和真实性直接决定最终结果。折线图的上升和下降代表企业季度或年度的工作成效，根据这些数据进行结构性的调整，才好制定下一轮的发展目标。但现代企业的财务报告的数据不一定是真实的，也许是内部调换过的对外信息，财务的盈余与实际收入也许相差很大。隐瞒企业内部真实的财务状况，擅自增加财务数额，有利于吸引外界投资者以及就业人士，集合资金和招揽人才；擅自减少财务数额的报账，可以减轻税额，也就是我们常说的漏缴所得税，这类现象在许多中小型企业变成默认规则，财务信息的真实度大大减弱，误导外界，置财务分析指标体系于不顾，扰乱市场规则，破坏自身的信誉，最终企业也难以维持，面临倒闭。

企业自然是以盈利为目的的，因而部分企业只顾眼前利益的得失，追求利益最大化，不为长远考虑，对于项目的抉择和财务状况的支配存在不对口的问题，不为企业的持续发

展助力，耗损企业的资源，最终难逃资金链断层、同行挤压、社会淘汰的结果。忽视持续发展，就丧失了高瞻远瞩的行业嗅觉，丢失发展壮大的机会和可能。

（三）忽视非财务因素的影响

目前，财务报告分析系统中的分析指标主要应用于分析企业经营状况，为企业的管理者提供决策有用资料。这就使得其分析指标对其结果有着关键影响，分析指标的局限性将使得企业财务报告的分析无法全面和系统地覆盖全部重要因素和反映真实的企业经营。尤其是很多与企业经营管理相关的非财务因素，在财务指标分析中无法体现出来。例如，企业的营运指标分析中，只分析企业的应收账款、存货、固定资产等资产的周转率，而这个周转率仅能反映对应资产在当年的运作效率，却无法反映导致资产运作效率下降，或者资产积压运作问题突出的具体原因。而这个原因个别在于企业资产的购买、使用、销售等相关决策与具体的行为，这就与企业很多的非财务活动密切相关，但目前的财务指标难以表现相关问题。关于企业的盈利能力指标，仅仅利用企业的各项收入或成本的利润率，只能表现企业目前的经营活动收支情况，而无法准确反映企业在市场竞争中的盈利能力。此外，关于企业发展能力的指标评价，只关注企业的每股收益变动等因素，却忽视了企业内部管理、创新能力以及其他不同的有形和无形因素对企业发展的影响，其评价结果也可能存在偏差。

（四）缺少反映现金流量的指标

传统财务分析指标体系缺少反映现金流量的指标，无法全面地评价企业的偿债能力和盈利能力，无法揭示企业可能面临的风险。如果一个企业在它的经营活动中现金净流量长期处于缺损状态，则表明其已确认的资产本质上已不能转化为现金流量，而这将造成企业未来偿还债务的能力和购买能力大幅降低，使得财务风险和坏账风险不断增加，造成企业收益的大幅下降，对企业的持续经营和发展造成严重的威胁。

另外，传统的公司财务分析指标体系，几乎是以财务报表和相关的会计数据为基础构建的一套指标体系，它主要从企业盈利能力和生产成本的视角，评价企业的财务状况和经营成果。市场经济的不断发展伴随着会计准则的逐步完善，这套指标体系已经显露出了它的片面性和不合理性。企业净利润的确认是基于权责发生制的基础上，因此有些公司利用权责发生制的漏洞调整账面利润，故意增加或减少利润，遮盖原有的经营业绩，造成财务报表中的会计信息失真，对投资者和债权人造成严重的决策误导。而以收付实现制为基础的现金流量指标，能综合反映企业一定时期的财务状况，能准确揭示企业净利润转化为现金的能力。因此，在传统指标体系中加入有关反映企业现金流量的指标是弥补传统财务分析体系不足的最恰当办法。

（五）缺少反映可持续发展方面的指标

传统财务分析指标体系中的发展能力分析指标仅仅涉及财务效益方面，可以理解为企业能够持续发展并能在财务上保持盈利。然而企业没有对社会的可持续发展作出贡献，只顾及自身的发展，而没有考虑企业与自然和社会的长期协调发展。因此缺少可持续发展指标的财务分析指标体系会造成企业追求产出的最大化，而不顾及社会利益。

此外，财务报告信息只是反映当前企业经济的活动，而忽视了可持续发展的经济活动。因为可持续发展信息体现了企业的前进与发展，更能全面地体现企业的财务状况，所以可持续发展的信息更重要。比如，速动比率和资产负债率是反映企业短期和长期偿债能力的主要指标，而此类指标都只重视企业资产的账面价值却忽视了企业因继续经营而增加的现金流量的能力。另外，有些企业具有较好的信誉和产品品牌，就能具有很强的集资能力。有些高新科技企业在发展初期其各项财务指标可能很差，但其具有良好的发展前景，拥有高端人才的企业可能会在其以后的发展过程中给企业带来巨大的财富。这些信息在传统财务分析报告中并没有得到充分反映，在财务指标中也未充分利用。

（六）财务指标分析结果可能与实际情况存在一定差异

现在企业所面临的不确定性和风险水平与过去相比已经发生了很大的变化，而传统的财务分析指标体系，想全面揭示企业生产经营活动的全貌已变得非常困难。一方面，产业转型、政府政策的变化和市场需求的改变以及竞争对手的经营方针等都对企业的经营成败至关重要；另一方面，企业人力资源、企业文化、企业管理制度、管理价值观以及能力与质量相关的信息，并没有完全反映在财务报告中。因此，我们应该结合企业现状和历史情况，以及企业生产经营特点、市场的发展等方面来对企业进行财务分析，以此来评价企业的优劣。因此，要对企业进行全面系统的评价，必须充分地考虑财务报告数量性资料以外的相关质量性因素。

此外，在速动比率指标的分析中公司的应付账款的偿债能力比存货的偿债能力强，有时实际情况并非如此，因为有些应付账款需要几年的时间才能收回，有些甚至根本不能收回。而仅通过存货周转率或应收账款周转率的分析，并不能反映公司营运能力的好坏。需要注意的是，不同行业企业，在不同的发展周期会表现出很大的财务差异，如果仅仅依据企业财务指标的数值或者将其与行业企业进行对比分析，则很可能忽视企业的行业发展环境以及企业生命周期，所得出的结论中，某些代表高风险的结论可能只是企业业务扩展的一个必经过程，并不是结论显露的高风险。例如，一般情况下，房地产企业现金净流量的负值集中在投资和融资活动上，如果经营活动出现了非常显著的净流量负数，并且这个负数绝对值呈扩大趋势，则房地产企业经营活动中存在过度扩张和集中建设，导致存货积压难以及时回款的问题，则房地产企业的经营风险非常高，这也是目前国内房地产企业财务风险的突出部分。而如果房地产企业的投资与融资活动现金净流量连续多年出现负值，而没有转正的趋势，则表示房地产企业的投融资活动不当。根据房地产企业经营特点，正常情况下，主业投资在 3~5 年内就应该出现逐步的盈利，也就是在项目建成后，即便不销售，也因为投资活动不需要注资。这个情况下，如果仅仅从现金流量比率或者企业的销售净利率等角度进行分析，则必然出现在企业大规模投资建设的情况下流动性锐减和销售亏损的结论，给管理者及投资者产生一个企业财务风险扩大的联想，而没有反映出企业扩张的这个重要信息。

三、完善企业财务分析指标体系的意义

随着我国社会主义市场经济体制的建立和完善，被全面推向市场的企业日渐增多，企业行为要求日趋规范、科学，评价、分析企业生存和发展基础的偿债能力、盈利能力及其整体水平，也就显得尤为重要了。近年来，我国不少企业追求多元化经营模式，试图通过多元化经营减轻企业经营风险，使企业走上健康稳定发展的道路。然而，现实却让人们看到多元化经营使许多企业走上了加速陷入财务危机甚至破产之路。在多元化经营的过程中，没有完善的财务分析体系将导致企业出现财务危机，巨人集团的衰落就是一个典型的例子。巨人集团为追求资产的盈利性，以超过其资金实力十几倍的规模投资于一个自己生疏而资金周转周期长的房地产行业，实物资产的整体性和时间约束性，使公司有限的财务资源被冻结，从而使公司的资金周转产生困难，并因此形成了十分严峻的资产盈利性与流动性矛盾，最后因实物资产的互斥性，生物工程因正常运作的基本费用和广告费用不足而深受影响。与此同时，巨人集团从事房地产开发和建设，却未向银行申请任何贷款，不仅使企业白白浪费了合理利用财务杠杆作用从而给企业带来效益的可能机会，而且也使企业因放弃举债而承担高额的资本成本，最后使企业在资产结构与资本结构、盈利性与流动性的相互矛盾中陷入难以自拔的财务困境。

与此相反，在家电这个典型的竞争性行业中，海信集团通过成功的财务分析创造了一个国有企业发展的奇迹。在海信每月的干部讲评会上，一项主要内容就是财务分析讲评，各种主要产品的毛利率及其分布、新产品的试制、存货周转、应收账款账龄、预付账款、其他应收款和产成品等指标都在分析之列。通过对这些数据的分析，进而掌握财务状况，分析经营现状，从而研究制定相应的对策。海信在财务管理上采取了很多具体的措施。比如，通过实施零库存管理，使其在竞争中变被动为主动，比竞争对手更显灵活，而且有利于加速资金周转，降低存货风险。通过对各产品毛利率的分析，为优化产品结构、培植企业的利润源提供依据。在多年摸爬滚打中，海信还摸索出了很多行之有效的做法，如选择最佳付款时间，对显像管提前三个月付款，就可降低支出3%~5%。海信的财务报表中一般不允许存在应收账款，对代理商一律不再赊销，只对零售大商场采取月初铺底，但月底必须收回。所有这些都证明海信内部有一套行之有效的财务分析指标体系，才使企业最终在行业竞争中脱颖而出。

四、企业财务分析指标体系的完善

（一）尽可能去异存同，增强指标的可比性

在分析时可以将不同会计方法的影响差异剔除，将某些特殊的、个别事件或因素剔除，选择同行业同等规模企业进行横向比较等。同时，应注意各种分析指标的综合运用，如定量分析和定性分析相结合、总量分析与个量分析相结合、静态分析与动态分析相结合，以便相互取长补短，发挥财务分析的总体功能效应。

（二）内外财务指标体系兼顾，梳理现行体系

企业针对财务分析指标时，前期阶段需要对内部分析做到面面俱到，不放过任何的细节。首先，筹备资金，要事先开展筹资分析，确定资金需求量，再分析和计算项目的可得利益和存在的风险，以及启动资金的数额大小，核算可行性和获益的程度。经过审核作出方案，选取最优策略，以企业的发展前景为前提，以企业的稳定运行为底线。其次，企业的投资活动也需要慎重对待，投资前期要加强风险认知，规划投资方向，评估投资成本和利益，计算比值，分析投资指标时考虑现金流动、价值大小、货币额度，考察与期得益率和时间长度。当然，外部分析指标不可或缺，偿债能力是企业对外的首要考察点，不论长期还是短期，均是与企业信誉直接挂钩。同时还要考虑盈利能力分析，计算销售利润、成

本费用、资产总额利润等一系列利润率。最后，分析资产周转率，是企业资产运用效率的考察标准。

无论大小企业，在制定财务分析指标体系时，切勿因小失大，可以细致规定各项指标，却不能一成不变地照搬传统体制，要灵活变通，切勿因杂生乱，可以按照规模大小和企业自身的运行方式制定各项指标。财务分析指标按照前期和后期两个阶段分为两大板块，即内部分析结合外部分析。再根据企业规模和性质，划分适合各自财务的标准，确定发展可行性，前提一定是守住底线。

（三）规范财务信息真实有效，完善指标体系

首先，确保企业内部的财务信息真实可靠，制定财务监管系统和人事督查制度，划分独立的财产监管部门，录入数据的人员需要独立于整个管理阶层，数据分析小组可以适当融入政府监理，当然，前提是政府部门成立专门的企业督查组，分配到各大企业内部。企业高层的决策需要按流程进行，禁止出现擅自更改信息数据的指令传达。其次，企业需要及时更新财务信息，按时投放到市场上，经受大众的监督，保证足够的公开和透明。建立起企业财务信息网络系统，运用科技手段传递资讯，不给企业见缝插针的机会和可能性。企业的整个财务信息从统计到核算再到发布，需要形成流水线式的作业标准，不掺杂任何成分，保证信息的真实性。

在企业运转的过程中，需要估计企业的发展道路，一切以企业的长远存续和不断壮大为前提条件，投资项目以企业的既得利益和可得效益为衡量标准，综合考虑，除去财务指标的考量之外，也需要其他指标协助，譬如市场需求、国家政策、企业文化等内容指标的制定。

（四）引入非财务分析指标

从传统财务分析体系的分析来看，其并不能完全利用企业的所有资源，并且缺少非财务分析指标信息。因此，引入一些非财务分析指标对企业来说是具有全面分析意义的，具体有以下几方面。

（1）市场占有率。反映企业营销绩效的重要指标，它表明企业产品在行业中的占有率。如果企业想在大市场环境下处于主动地位，那么企业产品的市场占有率要高，产品要深受客户信赖，需要企业经营管理者水平高才能实现。

（2）产品和服务质量指标。主要是衡量技术发展程度和企业当前的经营状况，主要表

现有：企业生产的产品质量符合行业标准；相关服务充分满足顾客的要求。这一指标可以通过产品的废品率、瑕疵率、返修率、退货率和顾客满意度等综合性指标加以描述。

（3）人力资源指标。在日益革新的时代，人才的得失对企业的战略运营有着长远的影响，财务分析方面也是如此。人力资源已经成为企业的重要资产内容，需要纳入财务分析领域。该指标可以根据员工的培训和职业规划、员工的能力、对企业的满意度和忠诚度、员工流动和升职体现。

（五）增加并充分利用现金流量信息的指标

传统的财务分析指标体系过于陈旧，已不适应现今企业的快速发展，缺少反映现金流量指标的信息，不能客观全面地反映企业的盈利状况和偿还长短期债务的能力，无法揭示企业可能面临的风险。因此有必要引入企业的现金流量指标，以便对企业进行全面的风险评估。

现金流动负债比＝年经营现金净流量÷年末流动负债×100%

该指标是从现金流入和流出的动态角度对企业实际偿债能力进行考察。由于有利润的年份不一定有足够的现金来偿还债务，所以利用以收付实现制为基础的现金流动负债比率指标，能充分体现企业经营活动所产生的现金净流量可以在多大程度上保证当期流动负债的偿还，直观地反映出企业偿还流动负债的实际能力。由于现金是偿还债务的最主要手段，若缺少现金，可能会使企业因无法偿还债务而被迫宣告破产清算，从这个意义上讲，该指标比流动比率、速动比率更为严格，更能真实地反映企业的偿债能力。

（六）增加用于实际决策中的可持续发展指标

我国企业的财务分析指标体系依然局限于财务效益方面，可以认为是一直保持盈利状态的企业，然而这种发展能力无法与社会以及自然联系在一起，基本上不考虑企业对可持续发展的贡献，因而有必要引入可持续发展指标并将其应用到实际的决策中。然而，由于企业未来财务增长的潜在因素以及未来的不确定性，所以这种类型的指标具有更大范围，并且评价结果会有很大的不确定性。因为这类指标在我国起步比较晚，对它不甚了解，所以其比率分析使用较少，仍处于实验阶段。此外，引入可持续发展指标，不仅增强了企业对社会的责任，而且也提高了企业发展的可持续性，促使企业追求可持续性和效率的统一。在尽可能减少环境污染的情况下，降低了社会成本，实现了最合理的利润。企业是不是真正实现从粗放型到集约型转变，是不是能充分利用循环生产能力，可以用设备利用率、原材料利用率、废弃物再生利用率等来表示。此外，需要企业尊重自然，保护环境，维护生态平衡，并开发绿色产品。

（七）扩展质量性信息披露的范围

在当前复杂的经济环境下，传统的财务分析指标体系已无法全面揭示企业生产经营活动的全貌。并且不同行业企业，在不同的发展周期会表现出很大的财务差异，如果仅仅依据企业财务指标的数值或者将其与行业企业进行对比分析，则很可能忽视企业的行业发展环境以及企业生命周期，因此有必要扩展质量性信息的披露范围，以便企业决策者作出正确的经营决策。

第一，坚持分析全面的原则，包括角度分析和内容分析的全面性。这就要求企业从不同的角度和不同的内容进行财务分析，充分使用财务报表和相关会计数据，从而得出不同的结论，得到全面的财务信息。比如企业的流动比率和速动比率，能够说明企业的短期和长期偿债能力，两者成正比。但是这种情况下可能存在管理者融资策略相对保守，没有充分运用财务杠杆的作用或者通过负债筹资的形式为企业带来税务庇护和财务杠杆等效益，说明企业的管理存在一定问题。

第二，坚持多元化、立体分析、三维分析，选择和应用、集成和扩展的财务分析方法。在具体的分析过程中，需要在掌握企业财务分析指标和企业经验的情况下对企业进行全面的综合评价。这就需要对绝对指标和相对指标的融合，横向和纵向的比较，以及现行的行业标准进行具体分析，从而更全面地分析得出企业的经营状况。在分析方法的运用上，将定量分析和定性分析充分结合，综合宏观和微观角度的分析，得出全面评价企业的重要信息；静态和动态相结合，充分考虑企业自身特点、经营环境、行业背景以及外部宏观经济形势等因素，使分析指标更加全面地反映企业的各项状况；单一分析和综合分析相结合，避免单一指标分析的片面性；内部分析和外部分析相结合，进而将企业所处的整体环境和详细情况较全面地分析出来。

（八）科学进行财务决策

不能仅凭某一项或几项指标便草率下结论，而必须将营运能力、偿债能力及盈利能力等各类、各项指标综合权衡，并结合外部社会经济环境的变化及企业内部不同时期经营理财目标的不同进行系统分析，力求通过指标的现象揭示企业经营理财状况的实质。我们还可以应用统计方法分析各项指标相互影响的净结果，然后再根据分析结果来判断企业发生财务危机的可能性，最后以此为标准，将企业进行分类，以便进行财务决策。

（九）加强对会计报告的监督审查，确保会计信息的真实可靠

企业的会计报告应经会计师事务所审计后向外提供，以确保会计信息的真实可靠。今后要完善注册会计师体制，建立按企业机制和注册会计师行业特点运行的新的会计师事务所体制，从制度上保证注册会计师的独立性和公正性，促进我国会计工作水平的进一步提高。

参考文献

[1] 陈少华. 企业财务报告理论与实务研究［M］. 厦门：厦门大学出版社，1998.

[2] 葛家澍，陈少华. 改进企业财务报告问题研究［M］. 北京：中国财政经济出版社，2002.

[3] 桂玉娟. 财务分析［M］. 上海：上海财经大学出版社，2017.

[4] 韩殿文，刘淑莲. 企业财务报告指南［M］. 大连：大连理工大学出版社，1997.

[5] 何韧编. 财务报表分析［M］. 3版. 上海：上海财经大学出版社，2015.

[6] 贺志东. 企业财务会计报告的阅读与分析［M］. 武汉：华中科技大学出版社，2009.

[7] 侯立新. 投资者必读上市公司财务报告理解与分析［M］. 北京：企业管理出版社，2010.

[8] 黄佳泉. 财务公式速查手册［M］. 北京：机械工业出版社，2020.

[9] 黄晓波. 企业财务报告理论与模式［M］. 上海：立信会计出版社，2014.

[10] 黄秀兰. 财务分析与报告［M］. 大连：东北财经大学出版社，2000.

[11] 建筑业与房地产企业工商管理培训教材编审委员会. 建筑业与房地产企业财务报告分析［M］. 北京：中国建筑工业出版社，1998.

[12] 黎明，潘龙萍，徐茜，等. 财务报告分析［M］. 上海：立信会计出版社，2003.

[13] 李家瑗. 资产负债表、利润表编制技能与案例［M］. 北京：中国财政经济出版社，2003.

[14] 李玉菊. 以企业资源为基础的财务报告体系研究［M］. 北京：北京交通大学出版社，2018.

[15] 李远慧，郝宇欣. 财务报告解读与分析［M］. 北京：北京交通大学出版社，2011.

[16] 林秀香. 财务报告分析金融业［M］. 大连：东北财经大学出版社，2019.

[17] 刘柏霞，徐晓辉. 上市公司财务分析［M］. 沈阳：东北大学出版社，2002.

[18] 刘伟丽，王志峰. 资产负债表日后事项［M］. 北京：兵器工业出版社，1999.

[19] 鲁务顺，史晓华. 财务报告编制与分析［M］. 北京：中国经济出版社，2013.

[20] 青岛英谷教育科技股份有限公司，吉林工程技术师范学院. 企业财务报表分析

［M］. 2 版. 西安：西安电子科技大学出版社，2019.
［21］邱实，罗元盛. 公司财务舞弊的多元证据融合及风险评估研究［M］. 长沙：湖南师范大学出版社，2021.
［22］任月君. 企业财务报告改进研究［M］. 大连：东北财经大学出版社，2010.
［23］宋良荣. 财务报告舞弊识别技巧［M］. 上海：立信会计出版社，2010.
［24］孙铮，王鸿祥. 财务报告分析［M］. 北京：企业管理出版社，1997.
［25］王文红. 财务报表分析［M］. 上海：上海财经大学出版社，2020.
［26］王霞，王金平. 公司财务［M］. 上海：上海财经大学出版社，2020.
［27］魏亚平. 财务报告分析［M］. 厦门：厦门大学出版社，2018.
［28］魏亚平. 财务报告分析［M］. 厦门：厦门大学出版社，2012.
［29］魏艳华. 财务报告编制与分析［M］. 上海：上海财经大学出版社，2015.
［30］温亚丽. 会计报表的阅读与分析［M］. 北京：企业管理出版社，2006.
［31］雯雯. 财务报表舞弊手段揭秘与防范技巧［M］. 北京：中国时代经济出版社，2011.
［32］吴其江. 企业财务报告分析［M］. 徐州：中国矿业大学出版社，2005.
［33］邢菁. 互联网+时代财务会计的实践与创新研究［M］. 北京：中国商业出版社，2021.
［34］杨孝安. 财务报表分析［M］. 2 版. 北京：北京理工大学出版社，2020.
［35］姚正海. 财务报告理论与应用研究［M］. 徐州：中国矿业大学出版社，2003.
［36］袁志明. 企业财务报告编制与分析［M］. 广州：中山大学出版社，1996.
［37］张帆，孟娜，陈世倩. 财务报表分析［M］. 成都：电子科技大学出版社，2019.
［38］张丽萍. 财务报告分析［M］. 广州：暨南大学出版社，2011.
［39］张利，魏艳华. 财务报告分析［M］. 上海：上海财经大学出版社，2009.
［40］张梅，曾韶华. 财务报告分析［M］. 2 版. 上海：立信会计出版社，2011.
［41］张梅，曾韶华. 财务报告分析［M］. 上海：立信会计出版社，2008.
［42］张先治，秦志敏. 财务报告分析［M］. 上海：立信会计出版社，2014.
［43］张效莲. 新会计准则讲解［M］. 济南：济南出版社，2006.
［44］张学功. 财务报告分析教程［M］. 北京：经济科学出版社，2001.
［45］章卫东. 企业财务分析［M］. 上海：复旦大学出版社，2014.
［46］左玮. 完善企业财务分析指标体系的思考［J］. 经济管理：文摘版，2016（6）：268.
［47］宋佳. 财务分析指标体系构建及完善［J］. 中国集体经济，2016（22）：133-134.
［48］黄毅. 企业财务分析指标体系的缺陷及完善研究［J］. 企业技术开发，2016，35（5）：24-26.